「できる日本語」準拠

KANJI TAMAGO

漢字たまご

新装版

初中級
PRE-INTERMEDIATE

レベルの目安
A2〜B1

監修
嶋田和子

著
有山優樹
落合知春
立原雅子
林　英子
山口知才子

にほんごの凡人社　BONJINSHA

はじめに

　「漢字ができるようになる」とはどういうことなのか。そんな疑問をきっかけにこの『漢字たまご』は誕生しました。そして、「どんな場面で、どんな漢字を学習していくか」「どんな学習方法があるか」ということを念頭に、長年にわたる日々の授業を通して、学習者と共に作り上げました。

　このテキストは、「何ができるかが明確になっている」「漢字の接触場面から学ぶ」「漢字学習ストラテジーを身につける」という３つのことを柱としています。

　接触場面で学ぶというとき、漢字と音声を一致させるトレーニングは欠かせません。今回、『新装版』では学習者の利便性をよくするために、付属の音声CDをなくし、サポートページでストリーミング再生とMP3ファイルのダウンロードができるようにしました。学習者のみなさんの学習環境に合わせてご利用ください。

　さらに、このテキストでは、漢字を初めて勉強する人からある程度学習した人まで、非漢字系の学習者も漢字系の学習者も共に楽しく学び合うことができます。「漢字たまご」を使用することで、教室では教師と学習者のやり取りが生まれ、漢字学習が楽しく、能動的なものとなります。ぜひ、学習者のみなさんと新しい「漢字の学び」を体験してください！

●「何ができるかが明確になっている」

　15の場面、トピックの中で、学習者が「生活の中で求められる漢字は何か」「漢字を使って何ができるのか」がわかるようになっています。こうすることで、学習者自身が「何のために漢字を学ぶのか」を意識し、明確な学習目標を設定することができます。

●「漢字の接触場面から学ぶ」

　各課の後半では、学習した漢字を実際に近い場面の中で使い、力を試します。教室の中での疑似体験を通じ、未知の漢字に対処する推測力、応用力を養うことができます。日常生活のどこかで目にする漢字を学習することによって、学習者に「身近にある漢字が『わかる』『できる』」という実感が生まれます。それが積み重なっていくことで達成感を得ることができます。

●「漢字学習ストラテジーを身につける」

　学習者が自分に合った学習方法を選択できるようになるために、漢字学習のアイディアをたくさん紹介しています。また、学習者が間違いやすい点がポイントとして挙げられ、どの部分に注意するといいかがひと目でわかります。さらに、学んだ漢字を整理し、繰り返し練習することで定着が進められるようになっています。

「漢字たまご」とは

　漢字たまごは、漢字を学習する「学習者の成長」を表しています。学習者はまず、漢字の基本となる
ルールを学び、基礎となる「初級の漢字」をしっかりと自分の中に身につけます。そして、次はそのた
くわえた知識をもとに、自らの興味・関心、専門についての漢字を能動的に学んでいきます。そこから
さらに、漢字学習が社会へと広がっていくことを、たまごの成長と重ねて表しています。

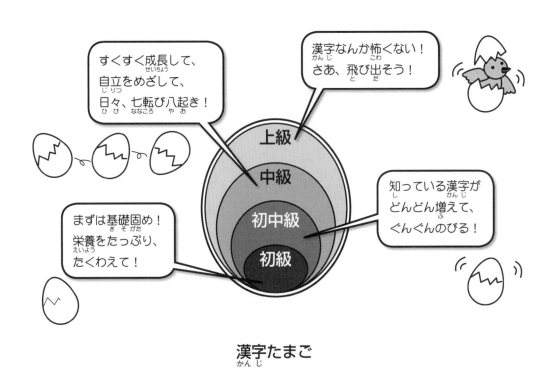

すくすく成長して、
自立をめざして、
日々、七転び八起き！

漢字なんか怖くない！
さあ、飛び出そう！

まずは基礎固め！
栄養をたっぷり、
たくわえて！

知っている漢字が
どんどん増えて、
ぐんぐんのびる！

上級
中級
初中級
初級

漢字たまご

2024年2月　著者一同

＊音声のストリーミング再生とMP3ファイルのダウンロードができます。

漢字たまごサポートページ（凡人社ウェブサイト内）
https://www.bonjinsha.com/wp/kanjitamago_pre-intermediate

目次 Contents
もくじ

コラム　くり返しの字に注意！！
かえ　じ　ちゅうい

本書の構成と使い方
ほんしょ　こうせい　つか　かた

◆ 学習する漢字について

『漢字たまご』で学習する漢字は、初級162字、初中級164字です。『漢字たまご　初級』『漢字たまご　初中級』の2冊で、日本語能力試験N5、N4レベルの漢字の学習ができます。

各課で学習する漢字は、次の3つの種類に分かれています。

提出漢字	：読み方と書き方を学習します。
読める	：意味と読み方がわかればいい漢字です。
	後の課で「提出漢字」として再提出されます。
見て、わかる	：サインとして意味が理解できればいい漢字です。読みも書きも問いません。
	後の課で「提出漢字」として再提出されます。（一部例外もあります）

◆ 本書の構成

① 第1課～第15課、「漢字のパーツ」

② 「楽しく覚えよう1／2／3／4」：漢字のパーツ（構成要素）、形声文字、記憶法、同音異義語を紹介しています。

③ 「読み方に気をつけよう1／2」：1は学習者の間違いやすい読み方の確認問題です。2は音の変化のルールについて説明しています。

④ 「もう少しやってみよう」：第1課～第15課、漢字のパーツの復習問題です。

◆ 各課の構成

① タイトルページ

② 「提出漢字」「読める」「見て、わかる」

③ 「練習1：書いてみよう」

④ 「練習2：やってみよう」

（⑤コラム）

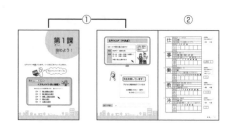

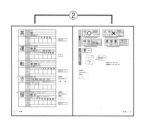

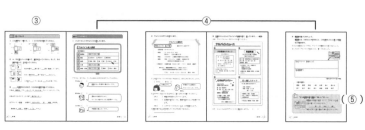

◆ ルビについて

「練習１：書いてみよう」：文の中で漢字の読み方や書き方を問う場合、既習漢字にはルビをつけていません。

「練習２：やってみよう」：情報を取るタスクの素材（例：図表、ポスター、地図など）にはルビをつけていません。

◆ 各セクションの進め方

①タイトルページ

　タイトルページには、その課の場面やトピックに合った問題がついています。これまでに習った漢字から新しい漢字の意味や読み方を推測して、問題にチャレンジします。タイトルページの問題を解くことで、これまでの復習にもなります。問題の答えは次のページにあります。また、そのページのイラストには、その課で学習する漢字が入っています。学習する漢字がどんな場面で使われているのか、その課の漢字を学習することで「何ができるようになるのか」ということを意識しましょう。タイトルページの問題が難しく感じられても、心配ありません。問題の次のページにある答えを見たり、イラストを見て知っている漢字を探したりしましょう。そして、その漢字がどんなところで使われているのか、どんな意味か、どう読むのかなどを考えます。

②「提出漢字」

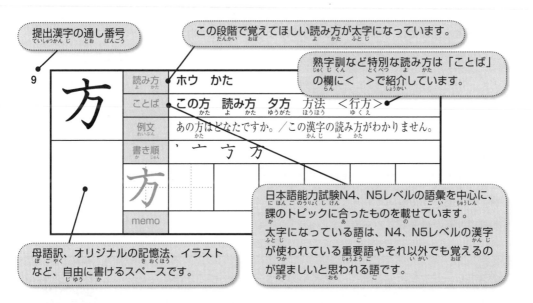

　ここでは、タイトルページで紹介した漢字を1字ずつ練習していきます。「漢字のはじまり」「漢字のきほん」（『漢字たまご　初級』）や「漢字のパーツ」「楽しく覚えよう」「読み方に気をつけよう」などを参考に、漢字の覚え方を考えながら練習しましょう。できるだけいろいろな覚え方のアイディアに触

れ、自分なりの漢字学習の方法を見つけましょう。

「ポイント」では、字形や読み方、送り仮名、パーツ（構成要素）など、間違いやすいところを確認します。

＊「漢字たまごのヒント＆ポイント」が、下記のウェブサイトからダウンロードできます。

アクラス日本語教育研究所（http://www.acras.jp/）

③「練習1：書いてみよう」

②の練習後、提出漢字の読み書きの力をつけるための練習をします。漢字をパーツに分けたり（分解）、パーツから漢字を作ったり（結合）して、漢字が複数のパーツで構成されていることを意識化します。同時に既習の漢字と関連付け、提出漢字の整理も行います。さらに、意味のグループでまとめたり、音読み・訓読み、形声文字・音符に注目した練習もします。ここでは、同様の練習を繰り返し行い、記憶を定着させていきます。

④「練習2：やってみよう」

実際の接触場面に近い状況で、必要な情報を読み取ったり、漢字を書いたりできるよう、実践練習をします。各タスクとも、正しい解答を得るのはもちろんですが、解答に至る道筋・タスク達成の方法を学ぶことが大切です。どのような点に着目すれば正しい情報が得られるか、未知の漢字語彙があった場合、その意味をどのように推測するか実際に体験します。

情報取りには、書かれたものから読み取るものと音声を聞いて書かれている内容と一致させるものの2つのタイプがあります。どちらもまずは1人で、辞書を使わず、自分の力だけでチャレンジします。音声を聞いて答える問題では、聞く前に必ず情報部分を見る時間を取ります。タスクの情報量は多く、未習の漢字や語彙も含まれていますが、その部分を読んだり、意味を確認したりする必要はありません。既に知っている知識をフルに使って、わかる範囲の中で、いかに必要な情報を得ていくかが重要です。

◆ 凡例

◎02 音声ファイルの番号を表しています。

【👁】 音声を聞く前に、その場面を把握するため、まず問題の図を見るということを示しています。図や表を見て答える問題もあります。

【👂】 聴読解問題が始まることを示しています。

＊音声のストリーミング再生とMP3ファイルのダウンロードができます。

漢字たまごサポートページ（凡人社ウェブサイト内）
https://www.bonjinsha.com/wp/kanjitamago_pre-intermediate

Composition and Application of this Book

◆ Characters included in this book

The book *Kanji Tamago Pre-intermediate Level* includes 164 characters, while the *Elementary Level* includes 162 characters. Together with *Kanji Tamago Elementary and Pre-intermediate Level*, it covers the characters required for passing levels N5 and N4 of the Japanese Language Proficiency Test.

The characters included in each section are divided into the following three categories.

"提出漢字 *Featured characters*": Learners will study the reading and writing of each character.

"読める *Characters for reading*": Learners will only study the meaning and reading of each character. The characters included in this category will reappear in later sections as "提出漢字 *Featured characters.*"

"見て、わかる *Characters for recognition*": Learners will gain knowledge of the meaning of each character as a sign, but will not have to study its reading and writing. With some exceptions, the characters included in this category will reappear in later sections as "提出漢字 *Featured characters.*"

◆ Composition of the book

(1) Sections 1 through 15, "漢字のパーツ *The components of characters*"

(2) "楽しく覚えよう1／2／3／4 *Enjoy studying 1/2/3/4*": a segment that introduces the components (structural elements) of characters, phono-semantic compound characters, and mnemonic methods.

(3) "読み方に気をつけよう1／2 *Be careful with reading 1/2*": "1" is a practice reading test in which learners tend to make mistakes. "2" explains the rules of sound change.

(4) "もう少しやってみよう *Let's study some more*": a collection of questions that help learners review the contents of sections 1 through 15 and the components of characters.

◆ Composition of each section

(1) Title page

(2) "提出漢字 *Featured characters*," "読める *Characters for reading*," and "見て、わかる *Characters for recognition.*"

(3) "練習1：書いてみよう *Exercise 1: Let's write*"

(4) "練習2：やってみよう *Exercise 2: Let's try*"

[(5) Column]

◆ *Ruby* (glosses placed alongside characters to indicate their reading, etc.)

"練習1：書いてみよう *Exercise 1: Let's write*": in questions regarding the reading or writing of characters, *ruby* are not provided for characters learners have already studied.

"練習2：やってみよう *Exercise 2: Let's try*": in materials that require learners to independently obtain information (e.g. figures and charts, posters, maps, etc.), *ruby* are not provided.

◆ How to proceed through each section

(1) Title page

The title page includes a practice test that matches the particular scene and topic of each lesson. Learners will challenge the test by guessing the meaning and pronunciation of new characters using knowledge from previously learned characters. The test on the title page also works as a review for the contents already learned. The correct answers to the test questions are found on the next page. Also, the illustration on the answer page incorporates the characters to be learnt in each lesson. Learners should try to be aware of "what they should be able to do," by learning the characters in each lesson through the use of the illustrations that show in which scene these characters will be used. There is no need to worry if the practice test on the title page seems difficult. Learners are encouraged to check the answers to the test on the next page, and look for any characters they already know in the illustration. Then, consider as to in what situations and places those characters are used, what they mean, and how to read them.

(2) Featured characters

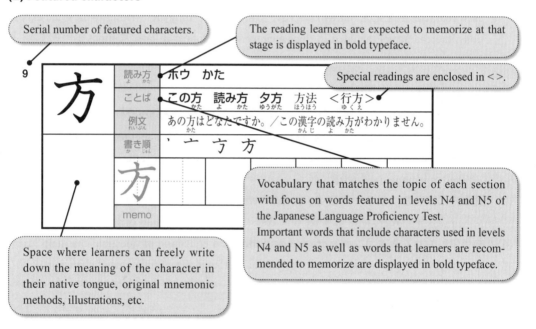

Serial number of featured characters.

The reading learners are expected to memorize at that stage is displayed in bold typeface.

Special readings are enclosed in < >.

Vocabulary that matches the topic of each section with focus on words featured in levels N4 and N5 of the Japanese Language Proficiency Test.
Important words that include characters used in levels N4 and N5 as well as words that learners are recommended to memorize are displayed in bold typeface.

Space where learners can freely write down the meaning of the character in their native tongue, original mnemonic methods, illustrations, etc.

In this segment, learners practice each of the characters presented on the title page one by one. It is recommended to refer to the segments " 漢字のはじまり *The origin of characters* (in *Elementary level*)," " 漢字のきほん *The basics of characters* (in *Elementary level*)," " 漢字のパーツ *The components of characters*," " 楽しく覚えよう *Enjoy studying*," and " 読み方に気をつけよう *Be careful with reading*," and practice each character while considering methods to memorize it. The book presents various ideas for mnemonic devices and helps learners discover the method that matches best their abilities and preferences.

In " ポイント *Points*," learners can check and verify various commonly mistaken points, such as the form of the character and its reading, the *okurigana* (kana added after a character to show its Japanese inflection), its components, etc.

"*Kanji Tamago: Hints and Points*" can be downloaded from the website below.

Acras Japanese Language Education Institute (ACRAS)〔**http://www.acras.jp/**〕

(3) " 練習１：書いてみよう *Exercise 1: Let's write*"

After completing the exercises in (2), in this section, learners will practice the featured characters with the objective of acquiring reading and writing skills. Exercises in breaking characters down to their components and, vice versa, in assembling characters from various components will develop learners' awareness of the complex structure of characters.

At the same time, the exercises will establish associations with characters learners have already studied, and will help them organize their knowledge of featured characters. Furthermore, learners will practice sorting characters in groups by their meaning, and will conduct exercises that focus on the Chinese and Japanese reading of each character and phono-semantic compound characters (phonetic components). By repeating similar drills over and over, these exercises will help learners firmly commit the featured characters to memory.

(4) " 練習２：やってみよう *Exercise 2: Let's try*"

In this section, learners will get hands-on practice in conditions close to actual communication situations that will help them develop abilities to obtain necessary information through reading and to write characters. In each task, learners are expected to come up with correct answers, but what is even more important is to learn the process necessary to arrive at the correct answer and to master techniques to accomplish tasks. Learners will study through practical drills what to focus on in order to obtain correct information, and how to guess the meaning of new character vocabulary.

There are two types of exercises for obtaining of information: through reading of written text, and through listening to audio materials and tying them up to written text. In both types, learners should first try to complete the tasks on their own, without using dictionaries.

In the listening comprehension exercises, learners should make sure to take the time and read through the information section before listening to the audio material. The written text will probably contain a large volume of information, and characters and vocabulary that the learners have not studied yet, but there is no need to read through these sections and try to grasp their meaning. The important thing is to take full advantage of the already acquired knowledge and obtain necessary information within the limits of one's own understanding.

◆ Legend

◎ 02   Shows the audio file numbers.

【✊】   Indicates that, before listening to an audio file, learners need to first look at the figure in the task in order to fully understand the situation. It also indicates the reading comprehension task.

【👂】   Indicates the beginning of a listening and reading comprehension task.

---

*Audio files (MP3) can be streamed and downloaded from the website below.

Kanji Tamago **Support Page (on Bonjinsha's website)**

https://www.bonjinsha.com/wp/kanjitamago_pre-intermediate

内容構成表 Table of contents
ないようこうせいひょう

課	タイトル	できることの具体例	Specific examples of things learners will be able to do
9	働いているところで	・仕事先で、貼り紙などの注意事項などの簡単な情報がわかる。 ・日本人の名前を聞き、説明を受けて領収書に名前を書いたり、パソコンで漢字に変換したりできる。 ・メールや書類の作成時に、パソコンの画面上の必要な漢字がわかる。	・Learners can understand notices and simple information at work. ・With explanations, learners can write Japanese names on a receipt and convert them into Kanji characters on a computer when they listen to the names. ・When creating emails and documents, learners can understand the necessary characters on the computer screen.
10	遊びに行って	・レジャースポットを示す言葉がわかる。 ・公園やキャンプ場の案内図を見て、どこに何があるかがわかり、行きたい場所を探すことができる。	・Learners can understand the words that indicate leisure spots. ・When looking at an information map in parks and campsites, learners can understand facilities/places and their locations, as well as be able to find their desired facilities/locations.
11	地域で	・地域の施設に関するお知らせ、ゴミの出し方のお知らせがわかる。 ・路上で目にする標識や交通規制、工事などの案内板がわかる。	・Learners can understand notices regarding community facilities and how to put out garbage. ・Learners can understand the information board regarding signs, traffic regulations, and construction areas that are seen on the road.
12	いろいろな健康法	・健康や美容のために使う器具の簡単な説明を読むことができる。 ・インターネットなどで健康になるための情報を読むことができる。 ・ヨガなどの体の動かし方についての説明文がわかる。	・Learners can read simple explanations of equipment used for health and beauty. ・Learners can read information on the internet regarding how to be healthy. ・Learners can understand how to move their body for activities such as yoga.
	楽しく覚えよう3		
13	学校で	・学内の掲示板や案内図などを見て、必要な情報（課題、教室、サークルのお知らせなど）がわかる。 ・シラバスを見て、履修の条件や内容がわかる。	・Learners can understand necessary information such as assignments, classrooms and group activities from looking at notice boards and information boards on campus. ・Learners can understand the course requirements and conditions from course syllabuses.

課	タイトル	できることの具体例	Specific examples of things learners will be able to do
14	日本を知る	・日本の地方名や（学習した漢字の）都道府県名がわかる。 ・日本の行事についての簡単な説明がわかる。 ・説明文の中の色の漢字がわかり、日本の結婚式や行事の簡単な説明がわかる。	・Learners can understand the names of local regions and prefectures in Japan they have studied. ・Learners can understand simple explanations regarding Japanese cultural events. ・Learners can understand the characters indicating colors, as well as the explanations of Japanese weddings and customary events.
15	ニュースをチェック	・インターネットのニュースサイトのトピックスがわかる。 ・新聞記事を読み、大まかな内容がわかる。	・Learners can understand topics on online news sites. ・Learners can read newspapers and roughly understand the contents.
	楽しく覚えよう4		
	読み方に気をつけよう1		
	読み方に気をつけよう2		
	もう少しやってみよう①～④		

漢字リスト Kanji list

課	トピック	提出漢字	字数	読める	語数	見て、わかる	語数
1	始めよう！	仕事 働 教 泳 転 方 留	10	可 不可 時給 履歴書	4	要〜	1
2	ショッピング	服 電 別 引 送 切 安 閉	10	払う 返品 無料	3	価格 税 〜込	3
3	目標に向かって	進 験 試 業 卒 明 写 部 科	12	専門 就職 受験	3	必着	1
4	申し込んでみよう！	住 所 民 役 知 願 真 員 友	12	申し込み 参加 他	3	〜費 在住 在学 在勤	4
5	住んでいる町で	急 特 待 回 線 消 無 集 残	10	各駅停車 暗証番号 確認 預ける	4	精算機 訂正 振込	3
	漢字のパーツ	心 主 糸 刀	4	-	-		-
6	旅行の計画	子 親 代 屋 内 自 由 発 着 遠	10	泊まる 送迎 温泉	3	往復	1
7	料理を作ろう！	牛 飯 魚 菜 味 色 近 少 弱 暗	11	砂糖 塩 油 卵	4	限定	1
8	引っ越し	広 利 便 元 手 返 空 室 和 洋 有	10	〜階 家賃 保証人 引っ越し	4	敷金 礼金 収納	3
9	働いているところで	足 作 者 森 村 山 川	11	返信 〜様	2	保存 印刷	2
10	遊びに行って	場 勤 公 園 遊 鳥 池 店 売 産 軽	11	美術館	1	展望台	1
11	地域で	工 医 紙 町 南 以 初 借 貸 押	10	燃える 缶	2	資源ごみ 駐輪場	2
12	いろいろな健康法	頭 顔 首 走 課 重 大 不 痛 全	10	健康 両〜 肩 体脂肪	4	秒	1
13	学校で	文 研 究 習 題 声 堂 計 欠 席	10	授業 宿題 実習 案	4	期限	1
14	日本を知る	都 県 北 西 正 花 祭 青 黒 白 赤	11	関西 お祝い 結婚式	3		-
15	ニュースをチェック	漢 字 署 去 寒 質 答 同 思 考 銀 悪	12	調べる 増える 減る 過去	4	殺す 盗む 逮捕	3
			164		48		27

漢字たまご
かんじ

第1課～第15課
だい か だい か

楽しく覚えよう1
たの　　　　　おぼ

―意味がかくれている漢字―
　　いみ　　　　　　　　　　　　かんじ

●覚えていますか？
　おぼ

①～⑤のパーツはどのイラストと関係がありますか。
　　　　　　　　　　　　　　　　　かんけい

また、同じ意味のパーツをもつ漢字はどれですか。線で結んでください。
　　　おな　いみ　　　　　　　　　かんじ　　　　　　　　　せん　むす

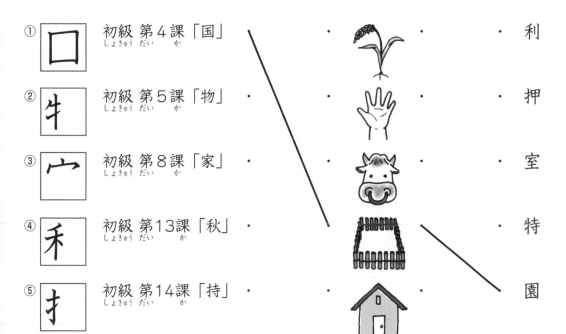

① 口　　初級 第4課「国」
　　　　しょきゅう だい か

② 牛　　初級 第5課「物」
　　　　しょきゅう だい か

③ 宀　　初級 第8課「家」
　　　　しょきゅう だい か

④ 禾　　初級 第13課「秋」
　　　　しょきゅう だい か

⑤ 扌　　初級 第14課「持」
　　　　しょきゅう だい か

利
押
室
特
園

●基本のパーツを覚えると、覚えやすい！
　きほん　　　　　　　おぼ　　　　　おぼ

[→第2課、初級第11課「強」]
　　だい か　しょきゅうだい か

[→第7、14課、初級第12課「薬」]

[→第3、12、13課]

[→第8課、初級第14課「新」]

[→第11課]

[→第12課、初級第12課「病」]

第1課
だい　　　か

始めよう！
はじ

●アルバイトを探しています。①～⑤のどこをクリックしますか。
　さが

平日のアルバイトがいいな。
へいじつ

働きたい！ナビ→

＜アルバイト求人情報＞

あなたにピッタリの仕事が見つかる！　選んでクリック！！

☞　①　**働く時間から探す**

☞　②　**働く曜日から探す**

☞　③　**時給・日給から探す**　

☞　④　**駅から探す**

☞　⑤　**仕事から探す**

Eダイニング （中央店）

◎ホールで料理を運ぶ仕事です	
時給	900円〜 （高校生可）
時間	月〜金　10時〜22時（4時間〜） 土・日　12時〜22時 ※週3日以上働ける方

大学生、留学生も
働いている楽しい
職場です！

先生を探しています！

子どもに英語を教えてくれる方

★お電話ください　（田中）

TEL 042-○○○-□□□□

前のページの答え：　　②

1	仕	読み方	シ　ジ　つか-える
		ことば	**仕事** しごと
		例文	将来、どんな仕事をしたいですか。 しょうらい　　　　　　しごと
		書き順	ノ　イ　仁　什　仕
			仕
		memo	

ポイント

①どっちがいい？

A 仕　　B 仕

2	事	読み方	ジ　こと　ズ
		ことば	**仕事　事故** 事務所　大事　行事 しごと　じこ　じむしょ　だいじ　ぎょうじ
		例文	日本で仕事をしたいです。／事故で電車が遅れています。 にほん　しごと　　　　　　じこ　でんしゃ　おく
		書き順	一　一　一　戸　写　写　写　事
			事
		memo	

仕事

3	働	読み方	はたら-く　ドウ
		ことば	**働く** はたら
		例文	コンピュータ会社で働いたことがあります。 　　　　　　がいしゃ　はたら
		書き順	ノ　イ　仁　仁　仁　仟　佴　佴　傗　働　働　働
			働
		memo	

ポイント

②どっちがいい？

A 働きます

B 働らきます

□□く

4	教	読み方	キョウ　おし-える　おそ-わる
		ことば	**教える** 教室 おし　きょうしつ
		例文	中国語が教えられます。 ちゅうごくご　おし
		書き順	一　十　土　耂　考　孝　孝　教　教　教
			教
		memo	

ポイント

③どっちがいい？

A 教　　B 教

□える

5	泳	読み方	エイ　およ-ぐ
		ことば	**水泳　泳ぐ** すいえい　およ
		例文	私は水泳が得意です。／何メートルぐらい泳げますか。 わたし　すいえい　とくい　　　　　なん　　　　　　　およ
		書き順	丶　丶　氵　氵　汀　汾　泳　泳
			泳
		memo	

ポイント

④どっちがいい？

A 泳　　B 泳

□ぐ

6	英	読み方	エイ
		ことば	英語 えいご
		例文	英語が話せます。 えいご はな
		書き順	一 十 卝 艹 艻 苫 英 英
		英	
		memo	

英語 [ ][ ]

7	運	読み方	ウン　はこ-ぶ
		ことば	運転　運ぶ うんてん　はこ
		例文	車の運転が好きです。／荷物を運ぶ仕事をします。 くるま うんてん　　　　にもつ はこ しごと
		書き順	ノ フ 冎 冔 冔 肎 肎 盲 宣 軍 軍 運 運
		運	
		memo	

[ ]ぶ

8	転	読み方	テン　ころ-がす　ころ-がる　ころ-げる　ころ-ぶ
		ことば	運転　自転車　転ぶ うんてん　じてんしゃ　ころ
		例文	車の運転ができます。 くるま うんてん
		書き順	一 ⼆ 亣 亘 亘 車 車 転 転 転
		転	
		memo	

運転 [ ][ ]

9	方	読み方	ホウ　かた
		ことば	この方　読み方　夕方　方法　<行方> かた　よ かた　ゆうがた　ほうほう　　ゆくえ
		例文	あの方はどなたですか。／この漢字の読み方がわかりません。 かた　　　　　かんじ よ かた
		書き順	⼀ 亠 方 方
		方	
		memo	

ポイント
⑤どっちがいい？
A 方　　B 方

10	留	読み方	リュウ　ル　と-まる　と-める
		ことば	留学　留守 りゅうがく　るす
		例文	私はカナダに留学したことがあります。 わたし　　　　　りゅうがく
		書き順	ノ ⼅ 広 広 広 広 留 留 留 留
		留	
		memo	

ポイント
⑥どっちがいい？
【留学】
A りゅがく
B りゅうがく

留学 [ ][ ]

8　第1課

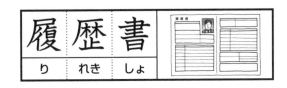

読めるよ

ポイント

⑦どっちがいい？

【時給】

A じきゅ

B じきゅう

見て、わかる

要〜

電話しなければ
なりません

＊要電話…Telephone required ／请至电／전화 필요

＊要運転免許…Driver's license required ／请准备驾照／운전면허 필요

I □に漢字を1つ書いて、（　　　）にひらがなを書いてください。

①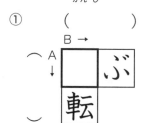

②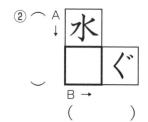

③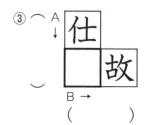

II A、Bに同じパーツを書いて、漢字を作ってください。そして、その漢字を使って、文を作ってください。

① 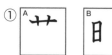 　私は外国の____画を見て、____語を 勉強しています。

② 　大きい荷物を自____車で 家まで____びました。

③ 　この店で____いている人は、____の人が多いです。

III _____の漢字をひらがなで、ひらがなを漢字で書いてください。

①私は__留学生__です。__えいご__を__おしえる__アルバイトをしたいです。

②私は子どものとき、よく海で__泳ぎました__。

③「アルバイト募集！　土曜日に__はたらける__　方__　時給__900円。

高校生は__不可__。簡単な__しごと__です。」

Ⅰ　インターネットでアルバイトを探_{さが}しています。

アルバイト求人情報

＜条件検索＞

A	勤務地	選んでください ▼		
B	曜日	□土日だけ　　□平日だけ　　□曜日自由		
C	時間	□深夜・早朝　　□朝　　□昼　　□夕方から　　□夜		
D	仕事	選んでください ▼		
E	時給・日給	選んでください ▼　　□高収入　　□日払い・週払い		

アリさん、まりさん、リンさんはA〜Eのどれをクリックしますか。

アリさん：（　　　）

授業_{じゅぎょう}がない午前中に働きたいです。

まりさん：（　　　）

夏休みの旅行のために、

たくさんお金がもらえる仕事がいいな。

リンさん：（　　　）

中国語を教えたいです。

Ⅱ　アルバイトのチラシを見ています。

アルバイト募集中

和風レストラン あづま　　　　　働きやすいお店です！

- ・仕事内容：ホールスタッフ

- ・時間　　：９：００～２２：００
　　　　　　　週３日～　（土日も働ける方）

- ・時給　　：９５０円～　（２週間の研修中は５０円引）

- ・資格　　：学生・フリーター　大歓迎　（高校生不可）
　　　　　　　　※留学生は日本語会話できる方

＊昇給有り／交通費支給／まかない有り／バイク・自転車　通勤可

☎のあと、履歴書持参のうえ、ご来店ください。
　　　　　※留学生は要「資格外活動許可」

ＴＥＬ　　０４８－１１１－２２２２　　（担当：木村）

---

① この店でアルバイトができないのはＡさん、Ｂさんのどちらでしょうか。

[　Ａさん　・　Ｂさん　]

大学生です。

Ａさん

月曜日から金曜日に
アルバイトしたいです。

Ｂさん

② 上のチラシと合っているものに○、違うものに×を書いてください。

(ア)（　　　）時給は900円からスタートします。

(イ)（　　　）日本語が話せなくても、英語が話せたらこの仕事ができ
ます。

(ウ)（　　　）このアルバイトをしたい人は、まず電話をします。

③ 面接を受ける人は何を持っていかなければなりません。

_____

Ⅲ　友達のチャンさんとアルバイトの雑誌を見て、話しています。… ◎ 03

【👁】　アルバイトニュースのページを見てください。

アルバイトニュース

A

水泳教室のスタッフ

水泳が得意な方

　時　給：高校生800円
　　　　　大学生850円
　時　間：8：30 ～ 21：30
　　　　　＊時間・曜日応相談
　勤務地：中野市民プール
　★ 交通費支給

お気軽にTELください。
後日、履歴書（要写真）をご持参
ください。

B

英語教室

子どもたちに楽しく英語を
　教えてみませんか。

　時　給：2000円以上（交通費全支給）
　時　間：16：00 ～ 22：30
　勤務地：都内

※大卒以上　23 ～ 30歳まで
　英語のできる方
　未経験の方も歓迎

お電話の後、履歴書（写真）をご持参
ください。

C

★ ★ ピザのデリバリー

できたてピザを
お客様のお宅まで運びます。

　時　給：800円〜
　時　間：10：00 ～ 24：00
　　　　　＊週2日以上
　勤務地：関東各店舗

◎16歳〜、学生、主婦
◎土日や深夜働ける方、
　バイクの運転できる方

まず、お電話ください！！

D

引っ越しスタッフ

引っ越し荷物を運ぶ仕事です。

　日給：8000円〜
　時間：早朝〜 17：00
　　　　（週1 〜 2日）

＊勤務地・曜日　応相談
＊18 ～ 45歳まで（高校生不可）
＊要運転免許

※TEL後、履歴書（写真）持参

【👂】　チャンさんはどのアルバイトに電話をしますか。　　（　　　　）

Ⅳ 履歴書を書いてみましょう。
りれきしょ か

履歴書には、できることや好きなこと、この仕事をしたいと思った理由
りれきしょ　　　　　　　　　　　　す　　　　　　　　　しごと　　　　　　おも　　りゆう

などを書きます。
か

① どんな仕事をしたいですか。アルバイトの雑誌などを見てみましょう。
しごと　　　　　　　　　　　　　　　　ざっし　　　　　み

② してみたいアルバイトが決まったら、書いてみましょう。
き　　　　　　か

【自己アピール／得意なこと】
じこ　　　　　　とくい

【応募動機*】
おうぼどうき

＊動機＝何かをしたいと思った理由
どうき　なに　　　　　　　おも　りゆう

┌─────────────────────────────┐
│ ＜使える漢字＞   │
│ つか　かんじ   │
│   │
│ 運転　　留学　　学校　　〜語　　仕事　　働く　　教える │
│   │
│ 使う　　話す　　読む　　好き　　映画　　音楽　　旅行 │
└─────────────────────────────┘

┌──────────────────────────────────┐
│ ⊂コラム⊃ 「2つの漢字を持つ言葉―「歳」と「才」―」   │
│   かんじ　も　ことば   │
│   │
│   履歴書には名前や住所、そして、下のように生年   │
│   りれきしょ　なまえ　じゅうしょ　　した　　　せいねん │
│  月日を書くところもあります。   │
│   がっぴ　か   │
│   ＿＿＿＿年　＿＿月　＿＿日生（　　歳） │
│   │
│   「歳」は「才」と同じ意味で、読み方も「さい」です。   │
│   おな　いみ　　　よ　かた   │
└──────────────────────────────────┘

第2課
だい   か
ショッピング

●あなたはデパートへ買い物に行きます。下の物を買いたいです。
　　か　もの　い　　　　　　　　　　した　もの　か
　A〜Gのどこへ行きますか。
　　　　　　　　い

① シャツ（　　　　）　　② 電子レンジ（　　　　）
　　　　　　　　　　　　　　　でんし

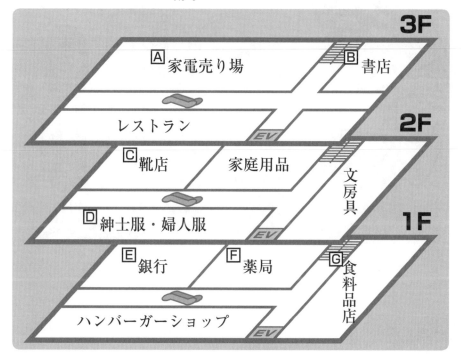

11	服	読み方 よみかた	フク
		ことば	服 洋服 ふく ようふく
		例文 れいぶん	婦人服売り場は2階です。 ふ じん ふく う ば かい
		書き順 か じゅん	ノ 月 月 月 肝 服 服 服
		服					
		memo	

12	品	読み方 よみかた	ヒン しな
		ことば	食料品 返品 品物 スポーツ用品 しょくりょうひん へんぴん しなもの ようひん
		例文 れいぶん	食料品のコーナーは地下1階です。 しょくりょうひん ち か かい
		書き順 か じゅん	丨 口 口 口 吕 吕 品 品 品
		品					
		memo	

ポイント

①どっちがいい？
【食料品】

A しょくりょうしな

B しょくりょうひん

品	物		

13	電	読み方 よみかた	デン
		ことば	電気 電子辞書 でんき でんしじしょ
		例文 れいぶん	パソコンを買うために、電気屋へ行きました。 か でん き や い
		書き順 か じゅん	一 一 戸 雨 雨 雨 雨 雨 雪 雪 雪 電
		電					
		memo	

ポイント

②どっちがいい？
【電気】

A でんき

B てんき

電	気		

14	別	読み方 よみかた	ベツ わか-れる
		ことば	別 別れる 特別 べつ わか とくべつ
		例文 れいぶん	この品物の送料は別です。／空港で母と別れるとき、とても悲しかったです。 しなもの そうりょう べつ くうこう はは わか かな
		書き順 か じゅん	丨 口 口 另 另 別 別
		別					
		memo	

ポイント

③どっちがいい？

A 別　　B 別

15	引	読み方 よみかた	ひ-く イン ひ-ける
		ことば	引く 〜引き 割引 ひ び わりびき
		例文 れいぶん	この商品は10%引きです。 しょうひん び
		書き順 か じゅん	フ フ 弓 引
		引					
		memo	

	く

16	送	読み方	ソウ　おく-る
		ことば	送る　送料　転送　送信
		例文	友達にプレゼントを送ります。／送料はいくらですか。
		書き順	丶　丷　ソ　ン　关　关　关　关　送　送

送

memo

ポイント
④どっちがいい？
A 送　　B 送

□ る

17	切	読み方	セツ　き-る　き-れる　サイ
		ことば	売り切れ　品切れ　大切　切る
		例文	この商品は品切れです。／これは大切な本です。
		書き順	一　七　切　切

切

memo

ポイント
⑤どっちがいい？
A 切　　B 切

□ る

18	安	読み方	アン　やす-い
		ことば	安い　不安　安心
		例文	この店には安くていい物がたくさんあります。
		書き順	丶　丷　宀　灾　安　安

安

memo

□ い

19	開	読み方	カイ　あ-く　あ-ける　ひら-く　ひら-ける
		ことば	開く　開ける　開く　開始
		例文	デパートは11時に開きます。
		書き順	丨　冂　冂　冃　門　門　門　門　門　開　開

開

memo

ポイント
⑥どっちがいい？
【あける】
A 開ける
B 閉ける

□ く

20	閉	読み方	し-まる　し-める　ヘイ　と-ざす　と-じる
		ことば	閉まる　閉める　開閉
		例文	エレベーターのドアが閉まります。
		書き順	丨　冂　冂　冃　門　門　門　門　閉　閉

閉

memo

□ まる

読_よめる

払う
はら

返品
へん　ぴん

＊Returned goods/退货/반품

無料
む　りょう

見_みて、わかる

価格
＊Price/价格/가격

税
＊Tax/税/세금

〜込
＊Including xxx/含〜 / 〜포함

価　　格　19,000円
[税込価格　19,950円]

送料込

Ⅰ　□に漢字を1つ書いて、（　　）にひらがなを書いてください。
　　　　かんじ　　か

① （　　　　　　）　　　　　　② （　　　　　　　　　）

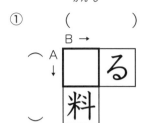

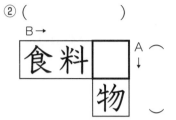

Ⅱ　どんな看板を書きますか。◯◯◯の漢字を使って書いてください。
　　　　　　　かんばん　か　　　　　　かんじ　つか　　か

5時から50％引きです。

料　安　品　引　服　食

Ⅲ _____の漢字をひらがなで、ひらがなを漢字で書いてください。

① 20% ___引き___ セール

② 10時に店が___あきます___。

③ ドアが___しまって___います。

④ ラッピングは___別料金___です。

⑤ このシャツは___品切れ___です。

⑥ ___でんき___製品売り場へ行きます。

Ⅰ　デパートで買い物をします。エレベーターに乗りました。あとから人が
　　か　もの　　　　　　　　　　　　　　　　の　　　　　　　　　　　　　ひと
　　乗ってきます。A・Bのどちらのボタンを押しますか。
　　の　　　　　　　　　　　　　　　　　　　　　　お

Ⅱ　フロアガイドを見て答えてください。何階へ行きますか。
　　　　　　　　　み　こた　　　　　　　　　　なんかい　い

5F	レストラン　　　　●和食、洋食、中華		⬇️👤
4F	中野電気 　●家電製品　●電子辞書	あおき書店 　●週刊誌・コミック　●婦人雑誌 　●地図・旅行ガイド	
3F	紳士服　スポーツ用品　時計　文具 　●紳士洋品　●スポーツ用品　●時計　●学用品		
2F	婦人服 　●婦人洋品　●特選婦人服　●和服	喫茶店「モア」	👤
1F	ファッショングッズ 　●化粧品　●靴　●バッグ　●アクセサリー　●生花	お客様案内所	
B1F	食料品 　●惣菜　●和洋酒　●和洋菓子　●パン		⬇️👤

① 母の日にあげるセーターを買いたいです。　　　＿＿＿＿＿階
　 はは ひ　　　　　　　　　　　　　か　　　　　　　　　　　　　　かい
② パーティーをします。ワインやチーズはどこで売っていますか。
　　　　　　　　　　　　　　　　　　　　　　　　　　　う

　　＿＿＿＿＿階
　　　　　かい
③ 日本語の本を買いたいです。　　　＿＿＿＿＿階
　 に ほん ご　ほん　か　　　　　　　　　　　　　かい
④ テレビがほしいです。　　　＿＿＿＿＿階
　　　　　　　　　　　　　　　　　　かい

Ⅲ　インターネットショッピングをします。カメラがほしいです。

全商品で探す	ショップを探す	オークションで探す

並び順　　：　A 価格が安い｜B 価格が高い｜C 新着順｜D 感想の件数が多い
表示方法：　 E 写真付き一覧｜F 写真なし一覧
商品　　　：　全て｜感想あり｜送料込み｜カードOK｜動画あり｜配送日指定

①最初にカメラの色や形を見たいです。A〜Fのどれをクリックするといい
ですか。　　（　　　　）

②できるだけやすいカメラを探すとき、A〜Fのどれをクリックするといい
ですか。　　（　　　　）

Ⅳ　インターネットショッピングをします。Tシャツを買いたいです。

UNIUNI　オンラインショッピング

Tシャツ
特別価格１枚 1000円!! （税込・送料別）

・送料別（＋300円）
・3000円以上お買い上げの場合は **送料無料** ！！
・5000円以上お買い上げの場合は **10%引** ！！
※ただいまブルーは品切れとなっております。

①Tシャツを２枚買ったとき、いくら払いますか。　　＿＿＿＿＿＿円
②Tシャツを５枚買ったとき、いくら払いますか。　　＿＿＿＿＿＿円
③買えないのは何色ですか。　　＿＿＿＿＿＿

Ⅴ　インターネットショッピングをします。自転車を買いたいです。 … ◎ 05

【👁】インターネットショッピングのページを見てください。

A 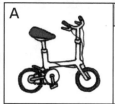	**5,980円** ¥ カードOK 送料別 2段ギア　18インチ 10台 高品質アルミフレーム →感想〈21件〉	B 	**8,500円** ¥ カードOK 送料別 3段ギア　20インチ 10台 セール品 50%引き！ →感想〈21件〉
C 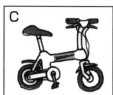	**10,500円** ¥ カードOK 送料0円 3段ギア　20インチ 通勤・通学にもOK! 大人気商品 →感想〈98件〉	D 	**12,800円** ¥ カードOK 送料0円 3段ギア　20インチ 小さく折りたためて 持ち運びも楽！ →感想〈131件〉

（ア）お支払いについて	（イ）返品交換について
下のどちらかでのお支払いとなります。 ・クレジットカード払い（分割払いOK） ・銀行振り込み（前払い） ※代金引換はできません。 ※銀行振り込みの手数料はお客様のご負担となります。	・セール品は返品できません。 ・一度使用したものは返品できません。 ・お客様のご都合による返品交換は、 　送料¥1,050がかかります。

【👂】友達と話しています。会話を聞いてください。

①A〜Dのどの自転車にしますか。

（　　　）

【👁】②お金のはらい方の説明は、（ア）（イ）のどちらですか。

（　　　）

③カードがありません。どうやってお金をはらいますか。

_____

④①で選んだ自転車をかえすことができますか。どうしてですか。

[　できる　・　できない　]　_____

第3課
だい　か
目標に向かって
もくひょう　む

● あなたはどっち？

あなたは今、
- a. 学生だ　→ **1**
- b. 働いている　→ **2**
- c. どちらでもない　→ **3**

 もっと勉強するために進学したい
- a. はい　→ **4**
- b. いいえ　→ **5**

a. 今の仕事が好きだ　→ **[E]**
b. 違う仕事がしたい　→ **6**
　ちが

a. 今の生活が好きだ　→ **[E]**
　　せいかつ
b. 今の生活を変えたい　→ **1**
　　せいかつ　か

4 a. 料理や写真など、好きなことを
　　　専門的に勉強したい　→ **[A]**
　　　てき
　　b. 専門的な勉強をする前に、もっ
　　　てき
　　　と広くいろいろ学びたい　→ **[B]**
　　　ひろ

a. 働きたい　→ **[C]**
b. 働きたくない　→ **[D]**

a. 新しい仕事のために、勉強
　　したい　→ **[A]**
b. したい仕事がある　→ **[C]**
c. したい仕事がわからない　→ **[D]**

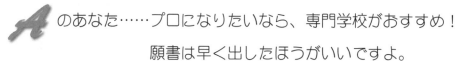
目標のために、
（卒業したら、）何をしますか？

A のあなた……プロになりたいなら、専門学校がおすすめ！
　　　　　願書は早く出したほうがいいですよ。

B のあなた……大学に入って、好きな学部・学科で勉強しましょう！
　　　　　試験の準備もがんばって！

C のあなた……（日本で）就職して、バリバリ働いてください！
　　　　　会社説明会には、たくさん参加しましょう。

D のあなた……これからのことをゆっくり考えましょう！

E のあなた……このまま、がんばってください！

21	進	読み方	シン　すす-む　すす-める
		ことば	進学　進む
		例文	大学に進学します。／前に進みます。
		書き順	ノ　イ　イ　イ　什　件　作　隹　隹　准　進　進
		進	
		memo	

□ む

ポイント
①どっちがいい？

A 試　　B 試

22	試	読み方	シ　こころ-みる　ため-す
		ことば	試験　入試
		例文	試験を受けます。／2月に入試があります。
		書き順	、　　、　　二　　言　言　言　言　言　訂　試　試
		試	
		memo	

23	験	読み方	ケン　ゲン
		ことば	試験　体験入学　経験
		例文	体験入学をします。
		書き順	1　厂　厂　厂　厈　馬　馬　馬　馬　馬　馬　馬　験　験　験
		験	
		memo	

試験 □□

24	卒	読み方	ソツ
		ことば	卒業
		例文	学校を卒業します。
		書き順	、　一　　ナ　太　卒　卒　卒　卒
		卒	
		memo	

ポイント
②どっちがいい？

A 業　　B 業

③どっちがいい？
【卒業】
A そつきょう
B そつぎょう

25	業	読み方	ギョウ　ゴウ　わざ
		ことば	卒業　授業
		例文	卒業したら、専門学校に進学します。
		書き順	1　ソ　ソ　ハ　业　业　业　尚　尚　兴　堂　業　業
		業	
		memo	

卒業 □□

26	説	読み方	セツ ゼイ と-く
		ことば	**説明 小説** せつめい しょうせつ
		例文	会社説明会に行きます。／日本の小説を読むのが好きです。 かいしゃせつめいかい い にほん しょうせつ よ す
		書き順	丶 亠 亠 言 言 言 言 訁 訁 訃 説 説 説 説
		説	
		memo	

27	明	読み方	メイ あかるい ミョウ あかす あからむ あかり あかるむ あき-らか あ-く あくる あける
		ことば	**説明 明るい ＜明日／明日＞** せつめい あか あした あす
		例文	明日は面接試験なので、明るい色のシャツを着ていきます。 あした めんせつしけん あか いろ き
		書き順	丨 冂 日 日 日 明 明 明
		明	
		memo	

ポイント

④どれがいい？

A 明い

B 明るい

C 明かるい

□ るい

28	写	読み方	シャ うつ-す うつ-る
		ことば	**写真 写す** しゃしん うつ
		例文	写真を撮ります。／ホワイトボードの答えをノートに写します。 しゃしん と こた うつ
		書き順	丨 冖 写 写 写
		写	
		memo	

ポイント

⑤どっちがいい？

A 写　　B 写

□ す

29	真	読み方	シン ま
		ことば	**写真 真ん中** しゃしん ま なか
		例文	書類に写真を貼ります。／道の真ん中で泣いている子どもがいました。 しょるい しゃしん は みち まなか な こ
		書き順	一 十 十 广 市 市 肖 肖 盲 直 真 真
		真	
		memo	

ポイント

⑥どっちがいい？

A 真　　B 真

写真 □ □

30	願	読み方	ガン ねが-う
		ことば	**願書 お願い** がんしょ ねが
		例文	願書を送ります。／お願いします。 がんしょ おく ねが
		書き順	一 厂 厂 厂 原 原 原 原 原 原 原 願 願 願 願 願 願 願
		願	
		memo	

お □ い

31	部	読み方	ブ
		ことば	学部　〜部　部長　＜部屋＞
		例文	○○大学の文学部に入りたいです。
		書き順	丶　亠　圥　立　产　咅　咅　咅　部　部
		部	
		memo	
32	科	読み方	カ
		ことば	学科
		例文	外国語学部の英語学科を卒業しました。
		書き順	一　二　千　禾　禾　禾　禾　科　科
		科	
		memo	

ポイント

⑦違うものは？

A 私　　B 校
C 科　　D 秋

ポイント

⑧違うものは？

A 火　　B 科
C 家　　D 画

学科 □□

読める

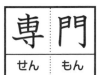
せん　もん
＊Specialized in/专门/전문

しゅう　しょく
＊Getting a job/就职/취직

じゅ　けん
＊Taking (entrance) exam/应试/수험

見て、わかる

＊Arrive by xxx/必达/필착

Ⅰ 漢字を作ってください。
かんじ つく

① (☐ - 舌) + 兌 = 説

② (音 - 一) + (院 - 完) = ☐

③ (私 - ☐) + (料 - ☐) = 科

Ⅱ 同じ読み方の漢字はどれですか。グループに分けてください。
おな よ かた かんじ わ

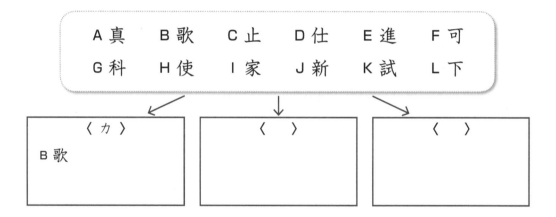

A 真　B 歌　C 止　D 仕　E 進　F 可

G 科　H 使　I 家　J 新　K 試　L 下

〈 カ 〉
B 歌

〈 　 〉

〈 　 〉

Ⅲ ＿＿＿のひらがなは漢字でどう書きますか。ⅡのA〜Lの漢字から選
かんじ か んで書いてください。
か

① 食料品売り場は地＿か＿1階です。
う ば かい

② ＿か＿族に会いたいです。

③　しん　聞を読みます。

④日本語学　か　に　しん　学したいです。

⑤　し　事をします。

⑥雨で花火大会が中　し　になりました。
　　　はなび

Ⅳ　_____の漢字をひらがなで、ひらがなを漢字で書いてください。
　　　かんじ　　　　　　　　　　　かんじ　か
①　専門　学校の　せつめいかい　に行きます。

②　願書　に　しゃしん　を貼ります。
　　　　　　　　　　　　は

③　そつぎょう　したら、日本で　就職　したいです。

④　しけん　を受けます。
　　　　　う

練習2 やってみよう
れんしゅう

I 学校で掲示板を見ています。‥‥‥‥‥‥‥‥‥ ◎07 ～ ◎09
  がっこう けいじばん み

【👁】 どんなお知らせがありますか。見てください。
      し   み

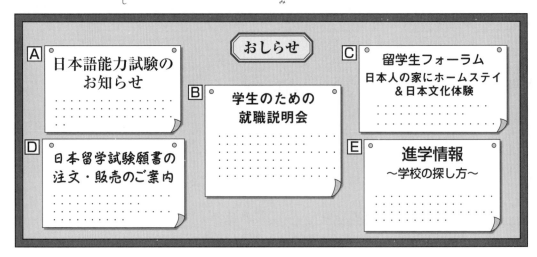

【👂】 A～Eのどれを見て話していますか。
           み   はな

  ① (   )   ② (   )   ③ (   )

II パソコンで、進学情報を調べています。‥‥‥‥‥‥‥‥‥ ◎11
       しんがくじょうほう しら

【👁】 下のパソコンの画面を見てください。
      した   がめん み

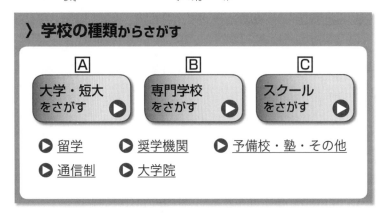

【👂】 A～Cのどれをクリックしますか。

  リン：(   )   キム：(   )

Ⅲ 進学ガイドブックを見ています。
しんがく み

<学部インデックス>

医学部……………… 10		工学部……………… 133	
観光学部…………… 18		歯学部……………… 158	
外国語学部………… 25		社会学部…………… 167	
教育学部…………… 39		文学部……………… 192	
経済学部…………… 72		日本文学科………… 192	
芸術学部…………… 90		英米文学科………… 205	
写真学科………… 90			
映画学科………… 96			

次の人は何ページを見たらいいですか。
つぎ ひと なん み

① (　　　) ページ

将来、先生になりたいです。
しょうらい せんせい

② (　　　) ページ

他の国のことばを勉強したいです。
ほか くに べんきょう

③ (　　　) ページ

有名なカメラマンになりたいです。
ゆうめい

④ (　　　) ページ

旅行が好きなので、将来、旅行会社で働きたいです。
りょこう す しょうらい りょこうがいしゃ はたら

Ⅳ 進学したい大学のホームページを見ています。
しんがく　　　だいがく　　　　　　　　　　　　　　み

Ａ〜Ｄのどれをクリックしますか。　　（　　　）

Ａ	受験生の方へ	▶
Ｂ	卒業生の方へ	▶
Ｃ	ご父母の方へ	▶
Ｄ	一般・企業の方へ	▶

Ⅴ 進学したい専門学校のホームページを見ています。
しんがく　　せんもんがっこう　　　　　　　　　　　み

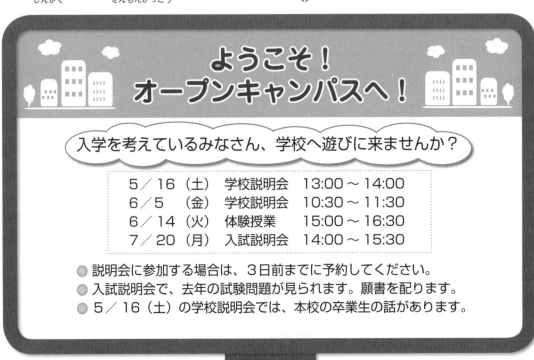

ようこそ！オープンキャンパスへ！

入学を考えているみなさん、学校へ遊びに来ませんか？

5／16（土）	学校説明会	13:00〜14:00
6／5 （金）	学校説明会	10:30〜11:30
6／14（火）	体験授業	15:00〜16:30
7／20（月）	入試説明会	14:00〜15:30

● 説明会に参加する場合は、3日前までに予約してください。
● 入試説明会で、去年の試験問題が見られます。願書を配ります。
● 5／16（土）の学校説明会では、本校の卒業生の話があります。

次のとき、いつ学校へ行ったらいいですか。
つぎ　　　　　　がっこう　い

① テストの話を聞きたいです。試験のための書類をもらいたいです。
　　　　はなし　き　　　　　　　しけん　　　　　　しょるい

_____

② この専門学校で勉強した学生に話を聞きたいです。
　　せんもんがっこう　べんきょう　がくせい　はなし　き

_____

VI 就職セミナーで、このお知らせをもらいました。

東西商事　新卒採用スケジュール

会社説明会	7／27（金）	東西商事東京支社（中野区）13:30～
エントリー受付	8／21（金）	必着 ＊履歴書（写真添付）と卒業見込み証明書をお送りください。 ＊応募者多数の場合は、書類選考を行います。
一次選考	8／28（金）	東西商事本社（大阪）、東京支社（中野区） ＊筆記試験、適性診断
二次・三次選考	（9月以降）	東西商事本社（大阪市） ＊面接

① この会社のことを知りたいです。いつ会社へ行ったら話が聞けますか。

_____

② A・Bのどちらの履歴書がいいですか。

A   B

③ テストはいつですか。

_____

言葉の頭につく漢字―「副」「準（准）」「助」―
<small>ことば　あたま　　　　かんじ　　　　ふく　　じゅん じゅん　　じょ</small>

> あなたの主専攻と副専攻は何ですか？
> <small>しゅせんこう　ふくせんこう　なん</small>

「副」「準（准）」「助」が言葉の最初にあるとき、「2番目の～」「～
<small>ふく　じゅん じゅん　じょ　　　ことば　さいしょ　　　　　　　　　　　　　　ばん め</small>

を助ける」という意味を表します。
<small>たす　　　　　　　　　　い み　あらわ</small>

「主専攻」は第一の専門の勉強という意味で、「副専攻」は「第二の」
<small>しゅせんこう　だいいち　せんもん　べんきょう　　　　い み　　ふくせんこう　　　　だい に</small>

という意味です。
<small>い み</small>

その他にも、下のようなものがあります。
<small>ほか　　　した</small>

副：副キャプテン　副店長　副社長
<small>ふく　ふく　　　　　　ふくてんちょう　ふくしゃちょう</small>

準（准）：準主役　準優勝　准教授
<small>じゅん じゅん　じゅんしゅやく　じゅんゆうしょう　じゅんきょうじゅ</small>

助：助監督
<small>じょ　じょかんとく</small>

第4課
だい　　　か

申し込んでみよう！
もう　こ

● A〜Cはどんな場所でよく見ますか。
ばしょ　み

A
さくら国際交流会イベント
世界の料理教室
定員10名
お申込み・お問合せ

B
収集日

可燃ごみ	月・木
不燃ごみ	水

C
基本の料金プラン
イエロープラン
1時〜21時まで
国内通話し放題！

ケータイショップ

新規
¥0

集積所

区民センター

さくら区交流協会
カルチャースクール

まなび隊

ホーム > イベント・教師 > 芸能

イベント名	盆おどり教室
日時	8月11日、18日（土）17:30 〜 19:00
締切日	先着順
会場	さくら区民センター　2階　会議室
定員	先着10名
対象者	区内在住・在学・在勤の方
申込方法	メールまたは、お電話でご連絡ください。
費用	1回500円　*小学生以下無料　（当日集金）
問い合わせ先	メール：buyoukai@hitmail.co.jp
	電話：03-××××-□□□□

前の画面に戻る　　　　　　　　　　　　　　　　　▲ページトップ

利用規約　免責事項　お問い合わせ

前のページの答え：　　　A：区民センター　　B：集積所　　C：ケータイショップ

33	住	読み方	ジュウ す-む す-まう
		ことば	住所 住む
		例文	東京に住んでいます。
		書き順	ノ イ イ 仁 伫 住 住
		住					
		memo	

□ む

ポイント

①どれがいい？
【住所】
A じゅしょう
B じゅうしょ
C じゅしょ

②どっちがいい？
A 所　B 所

住所 □ □

34	所	読み方	ショ ところ
		ことば	住所 所
		例文	住所は北山市中川1-2-3です。
		書き順	ー ラ ヨ 戸 戸 所 所 所
		所					
		memo	

35	民	読み方	ミン たみ
		ことば	国民 市民
		例文	区民センターでパーティーがあります。
		書き順	ー フ ア 尸 民
		民					
		memo	

市民 □ □

36	役	読み方	ヤク エキ
		ことば	区役所 役に立つ
		例文	市役所で住民登録をします。／この辞書はとても役に立ちます。
		書き順	ノ ク イ イ 衫 役 役
		役					
		memo	

区役所

37	知	読み方	し-る チ
		ことば	知る お知らせ
		例文	田中さんを知っていますか。／教室にお知らせが貼ってあります。
		書き順	ノ 仁 ヒ 矢 矢 知 知 知
		知					
		memo	

ポイント

③どっちがいい？
A 知　B 知

□ る

38	問	読み方	モン と-う と-い とん
		ことば	問い合わせ 質問
		例文	市役所に問い合わせます。
		書き順	丨 冂 冂 冂 冃 門 門 門 門 問 問
		問	
		memo	

ポイント
④どれがいい？
【しつもん】
A 質門
B 質問
C 質問

質問 □ □

39	合	読み方	ゴウ あ-う あ-わせる カッ ガッ あ-わす
		ことば	集合 合う 問い合わせ 試合
		例文	駅の西口に集合します。／お問い合わせはこちらの番号にどうぞ。
		書き順	丿 人 今 今 合 合
		合	
		memo	

□ う

ポイント
⑤どっちがいい？
A 見　　B 員

⑥どれがいい？
A 銀行員
B 銀行人
C 銀行者
D 銀行民

40	定	読み方	テイ ジョウ さだ-か さだ-まる さだ-める
		ことば	定員 予定 定食
		例文	会議は2時からの予定です。
		書き順	丶 丷 宀 宀 宇 宇 定 定
		定	
		memo	

41	員	読み方	イン
		ことば	定員 会社員
		例文	このツアーの募集定員は50名です。
		書き順	丨 冂 冂 冂 冐 冐 冐 員 員 員
		員	
		memo	

定員 □ □

ポイント
⑦どっちがいい？
A 無　　B 無

⑧どれがいい？
【無料】
A むりょ
B むうりょう
C むりょう

42	無	読み方	ム な-い ブ
		ことば	無料 無い 無理
		例文	この美術館は、都民の日は入場無料です。
		書き順	丿 ㇒ 仁 缶 缶 铀 無 無 無 無 無
		無	
		memo	

無料 □ □

43	集	読み方	シュウ　あつ-まる　あつ-める　つど-う
		ことば	集まる　集合　集める　収集日
		例文	マラソン大会の出場者は7時に中川公園に集まってください。
		書き順	ノ　イ　イ　ヤ　ヤ　ヤ　ヤ　隹　隹　隼　隼　集
		集						
		memo	

ポイント

⑨どっちがいい？
A 集　　B 枼

⑩どれがいい？
A 集める
B 集る
C 集つめる

44	友	読み方	とも　ユウ
		ことば	友達　友人
		例文	友達と交流会に参加しました。
		書き順	一　ナ　方　友
		友						
		memo	

読める

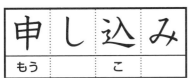
＊Application/报名/신청

参加
さん　か
＊Participation/参加/참가

他
ほか
＊Other/其他/다른（〜외）

見て、わかる

〜費
＊Cost of xxx/〜費/〜비

在住
＊Residence/住在/거주

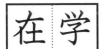
＊Student registration/在学/재학
＊「学」→初級 第1課

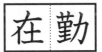
＊Working registration/在職/근무

Ⅰ　□に漢字を１つ書いて、（　　）にひらがなを書いてください。
　　　　　かんじ　　か

① （　　　　　　　）
　　　B →
⎛ A↓ ⎡□⎤ める
⎝　　 ⎣合⎦ ⎞

② ⎛ A↓ ⎡質⎤
　（しっ）⎣□⎦ い合わせ
　⎝　　 B →
　　　　（　　　　　　　　　）⎞

Ⅱ　＿＿＿＿に ▭ の漢字を、（　　）に読み方を書いてください。
　　　　　　　　　かんじ　　　　　　　　よ　かた　か

① 外国＿＿＿＿　　② 会社＿＿＿＿　　③ 写真＿＿＿＿　　④ 国＿＿＿＿
（　　　　　）　（　　　　　）　（　　　　　）　（　　　　　）

> 家　　人　　民　　員

Ⅲ　①〜④には何を書きますか。 ▭ の漢字を使って書いてください。
　　　　　　　　　なに　か　　　　　　　　　　かんじ　つか　か

① ＿＿＿＿＿＿＿＿　　② ＿＿＿＿＿＿＿＿

③ ＿＿＿＿＿＿＿＿　　④ ＿＿＿＿＿＿＿＿

> 無　　問　　員　　会
> 科　　定　　合　　間
> 買　　料　　知

IV ＿＿＿の漢字をひらがなで、ひらがなを漢字で書いてください。
ㅤㅤㅤㅤㅤ(かんじ)ㅤㅤㅤㅤㅤㅤㅤㅤㅤㅤㅤㅤ(かんじ)(か)

① この申込書に名前と＿＿じゅうしょ＿＿を書いてください。

② 次の＿＿質問＿＿に答えてください。
ㅤㅤ(つぎ)ㅤ(しつ)ㅤㅤㅤ(こた)

③ 明日は午後からアルバイトの＿＿予定＿＿です。

④ この本は日本語の勉強に＿＿やくにたちます＿＿。

Ⅰ あなたが住んでいる町のイベント情報を見ています。
　　　　　す　　　　まち　　　　　　じょうほう　み

山中市地域センター **ひまわり館だより－５月－**

◎ **GWのお知らせ**
　５月３・４・５日はお休みです。

ひまわり館（山中市役所内）
住所：山中市山中1-2-3
電話：047-2222-4444
開館時間：月～土10:00～18:00
休館日：日、祝日、年末年始

Ａ

ひまわり工房　まちの匠シリーズ
「柏もちづくり」
日時：５月13日（水）
　　　午後2時半～
参加者定員：先着30人
参加費：無料
申込み：5月1日（金）午後3時まで
★今年もきくやさんに教えていただ
　きます。忘れずに申し込んでね！

Ｂ

三味線クラブ
日時：５月9日、16日(土)
　　　午前9時半～
講師：西川先生
申込み・定員：なし
参加費：無料

Ｃ

国際交流バスハイキング
日時：7月5日（日）午前7時出発
集合：山中市民センター前
場所：山梨県
内容：そば打ち、桃狩り、
　　　ワイン工場見学
参加者定員：外国人30名
　　　　　　日本人30名
参加費：2,000円
お問合せ・申込み：
　　山中市役所 047-2222-5555

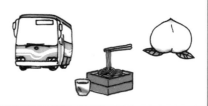

① Ａを見てください。５月１日までに何をしますか。
　　み　　　　　　　　　　がつついたち　　　　なに

　＿＿＿＿＿＿＿＿＿＿＿＿＿

② Ｂを見てください。
　　み

　(ア) このクラブには何人入れますか。　＿＿＿＿＿＿＿＿＿＿＿
　　　　　　　　　　なんにんはい

　(イ) いくらかかりますか。　＿＿＿＿＿＿＿＿＿＿

③ Ｃを見てください。
　　み

　(ア) どこで会いますか。　＿＿＿＿＿＿＿＿＿＿
　　　　　あ

　(イ) 質問があるとき、どうしますか。　＿＿＿＿＿＿＿＿＿＿＿＿＿
　　　　　しつもん

II　あなたは地域のスポーツ大会に参加しようと思っています。

スポーツ国際交流協会　第5回スポーツ大会

スポーツを楽しみながら、国際交流をしましょう。

日　時：6月20日（土）午後1時30分〜4時まで
場　所：区立山下区民スポーツセンター
内　容：つな引き、パン食い競争など
対　象：区内在住・在学・在勤の外国人・日本人、計80名
参加費：500円（飲み物・保険含む。小学生以下無料）
申込方法：電話またはE-mailで
　　　　　氏名（フリガナ）・住所・国籍・電話番号を書いて、
　　　　　山下区交流協会へ（定員になり次第締め切り）

主　催：山下区交流協会

---

① スポーツ大会はどこでありますか。　　＿＿＿＿＿＿＿＿＿＿＿＿

② どんな人が申し込むことができますか。　＿＿＿＿＿＿＿＿＿＿＿＿

③ お金がかからない人はどんな人ですか。　＿＿＿＿＿＿＿＿＿＿＿＿

④ このスポーツ大会に行きたい人はどうしたらいいですか。

＿＿＿＿＿＿＿＿＿＿＿＿＿＿＿＿＿＿＿＿＿＿＿＿＿＿＿＿＿＿

Ⅲ　あなたは新しい携帯電話を買うので、クラスメイトと携帯電話会社の広告を見ています。

Sopt Bank mobile 携帯電話料金プラン

基本の料金プラン　**イエロープラン**

基本使用料 **980円**/月　1時〜21時まで **国内通話し放題！**

家族向け割引サービス　**イエロー家族24**

家族への国内通話が**24時間無料！**

通話料割引サービス　**Wイエロー**

プラス定額料 **980円**/月で、他社ケータイへの **国内通話料が半額！**

友割り紹介キャンペーン

ご家族・お友達をご紹介ください！
紹介を受けたお客さま（ご家族・お友達）の特典

イエロープラン基本使用料
3か月無料

＊国内＝Domestic／国内／국내

---

① イエロープランでは、1時から21時まではどんなサービスがありますか。

_____

②『Wイエロー』のプランはどんな割り引きがありますか。

_____

③ クラスメイトのアリさんはこの会社の携帯電話を使っています。

　あなたもこの会社の携帯電話を買いたいです。

　あなたがこの会社で電話を買ったら、どんなサービスがありますか。

_____

Ⅳ あなたは大学の体験授業に申し込みたいです。

① 下の大学のホームページを見てください。

② 「留学生」が参加できるかどうか、わかりません。申し込みのメールに「留学生も参加できるかどうか」、書いて質問してみましょう。

東西大学外国語学部日本語学科　体験授業のご案内

　　本年度の体験授業を下記の会場・日程で開催致します。
本学の教員が、専門分野について高校生向けに、やさしく授業をいたします。
　　本学にご興味をお持ちの方なら、どなたでも大歓迎です。どうぞご参加下さい。
なお、体験授業は事前申込が必要です。

10月7日（日）10時〜　東西大学1号館

＜参加方法＞
　　電子メールで事前に申し込みをしてください。
　　電話での申し込みは受け付けておりませんので、ご注意ください。

＜記載事項＞
　　件名に「体験授業参加申込」と書いて、本文に以下のことを書いてください。
　　1．氏名・フリガナ　　2．自宅住所　　3．電話番号
　　4．在学校・出身校　　5．在学年次

＜申し込みメールアドレス＞
　　nyushika@tozaiuni.ac.jp

＜申込期間＞
　　定員に達し次第、受付を終了します。
　　※保護者の方も一緒に受講していただけますので、あわせてお申し込みください。

＜参加対象者＞
　　本学受験希望者及び保護者

| ファイル | 編集 | 表示 | ツール | ヘルプ |

| 返信 | 全員へ返信 | 転送 | 印刷 | 削除 | 前へ | 次へ |

送信者：

宛先：

件名：

第5課
だい　　　か

住んでいる町で
す　　　　　　　　まち

●下の漢字はどこで見ますか。2つのグループに分けましょう。
した　かんじ　　　み　　　　　　　　　　　　　　　　　　　　わ

急行

送金

特急

回送

各駅停車

遅れる

1番線

暗証番号

待ち合わせ

お引き出し

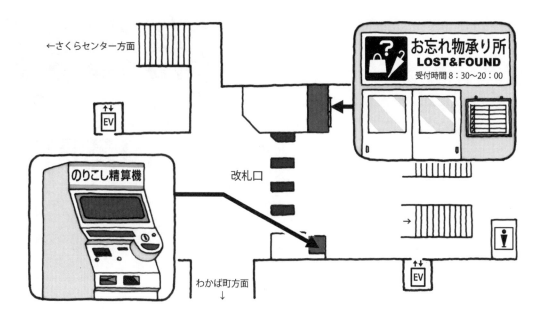

前のページの答え：

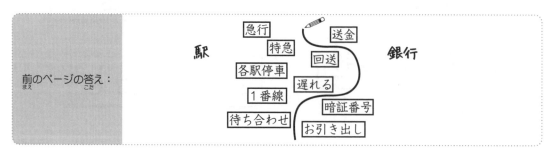

45	急	読み方	キュウ いそ-ぐ
		ことば	急行 急ぐ 急に
		例文	この駅は急行が止まりません。／急いでください。
		書き順	⁄ ⁊ ⼽ ⼿ ⼿ ⼾ 急 急 急
	急							
		memo	

ポイント

①どっちがいい？

A 急   B 急

　ぐ

46	特	読み方	トク
		ことば	特急 特別 特に
		例文	この電車は特急券が必要です。／これはお正月の特別な料理です。
		書き順	⁄ ⼂ ⽜ ⽜ ⽜ ⽜ 特 特 特 特
	特							
		memo	

ポイント

②どっちがいい？

【特急】

A とくきゅう

B とっきゅう

47	線	読み方	セン
		ことば	線 1番線 新幹線
		例文	大切な部分に線を引きます。／次の電車は3番線から発車します。
		書き順	⼃ ⼂ ⼂ ⼂ ⼂ 糸 糸 糽 紳 綧 緽 線 線
	線							
		memo	

48	回	読み方	カイ まわ-す まわ-る エ
		ことば	1回 回送電車 回す 回る
		例文	次の電車は回送なので、乗れません。／レバーを回します。
		書き順	⼁ ⼍ ⼍ ⼞ ⼞ 回
	回							
		memo	

49	遅	読み方	おく-れる おそ-い チ おく-らす
		ことば	遅れる 遅い
		例文	電車が遅れています。／私は食べるのが遅いです。
		書き順	⼂ ⼍ ⼺ ⼺ ⼺ ⼾ 届 届 犀 犀 遅 遅
	遅							
		memo	

ポイント

③どっちがいい？

A 遅   B 遅

　い

50	忘	読み方	わす-れる　ボウ
		ことば	忘れる　忘れ物
		例文	家に財布を忘れてしまいました。／弟は忘れ物が多いです。
		書き順	亠　亡　亡　忘　忘　忘
	忘		
		memo	

ポイント
④どれがいい？
【まっ】
A 待　　B 持
C 特

51	待	読み方	ま-つ　タイ
		ことば	待つ　招待
		例文	ホームで電車を待ちます。
		書き順	′　⺈　彳　彳　待　待　待　待
	待		
		memo	

52	取	読み方	と-る　シュ
		ことば	取る　取り消し
		例文	運転免許を取りました。／事故を起こして、免許が取り消しになりました。
		書き順	一　丁　下　下　耳　取　取
	取		
		memo	

ポイント
⑤どっちがいい？
A 消　　B 消

53	消	読み方	き-える　け-す　ショウ
		ことば	消す　消える　取り消し　消しゴム
		例文	電気を消します。／火が消えました。
		書き順	丶　氵　氵　氵　氵　汀　消　消　消
	消		
		memo	

ポイント
⑥どっちがいい？
A 残　　B 残

54	残	読み方	ザン　のこ-る　のこ-す
		ことば	残る　残高　残念
		例文	口座にどのくらいお金が残っているか確認します。
		書き順	一　丁　歹　歹　歹　歺　残　残　残
	残		
		memo	

各	駅	停	車
かく	えき	てい	しゃ

*Local (train)/各站停车/각역정차

暗	証	番	号
あん	しょう	ばん	ごう

*Pin number/密码/비밀번호

確	認
かく	にん

*Confirmation/确认/확인

預	け	る
あず		

*Deposit (e.g. money)/充钱、存款/맡기다

見て、わかる

精	算	機
*Fair adjustment /自动补票机/정산기

訂	正
*Correction /更正/정정

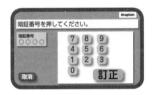

振	込
*Transfer /转账/송금

第5課 53

Ⅰ　□に漢字を1つ書いて、（　　　）にひらがなを書いてください。
かんじ　　か　　　　　　　　　　か

① （　　　　　　　）

B →
A ↓
□　ぐ
行

② （　　　　　　　）

B →
A ↓
□　急
別

③ （　　　　　　　　　）

B →
A ↓
□　える
し
ゴ
ム

Ⅱ　⬭の漢字を使って＿＿＿＿に書いてください。
かんじ　つか　　　　　　　　か

例）時間がないので、＿＿急ぎましょう＿＿。
れい

①寝る前に電気を＿＿＿＿＿＿＿＿のを＿＿＿＿＿＿＿＿しまいました。

②すみません。塩を＿＿＿＿＿＿＿＿ください。
　　　　　　　しお

③今月はお金を使いすぎてしまって、お金があまり＿＿＿＿＿＿＿＿いません。

④駅の改札口で友達を＿＿＿＿＿＿＿＿。
　　かいさつ　　　だち

待　　取　　消　　忘　　急　　残

Ⅲ _____の漢字をひらがなで、ひらがなを漢字で書いてください。

① 銀行にお金を＿＿預けます＿＿。

② 間違いがないかどうか、よく＿＿確認＿＿してください。

③ 友達との約束に＿＿遅れて＿＿しまいました。

④ この電車は＿＿各駅停車＿＿です。

⑤ 私はラーメンが大好きで、1週間に2＿＿かい＿＿ぐらい食べます。

⑥ ＿＿暗証番号＿＿は誰にも教えないでください。

Ⅳ あなたがよく利用する電車は何線ですか。

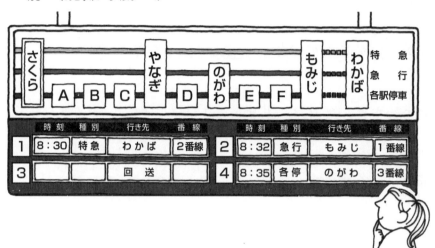

練習2　やってみよう

I　さくら駅で電光掲示板を見ています。

	時刻	種別	行き先	番線
1	8：30	特急	わかば	2番線
3			回送	

	時刻	種別	行き先	番線
2	8：32	急行	もみじ	1番線
4	8：35	各停	のがわ	3番線

① B駅へ行きたいとき、何時の電車に乗りますか。　＿＿＿＿＿＿

② 早くもみじ駅へ行きたいです。何時の電車に乗りますか。　＿＿＿＿＿＿

③ お客さんが乗れないのはどの電車ですか。

　　［　　1　・　2　・　3　・　4　］

II　電車の中で、案内表示を見ています。

今、どうなっていますか。

① 東桜線　　（　　　　）

② 若山線　　（　　　　）

つぎは **やなぎ** です

運 行 情 報

路線	区間	方向	状況	原因
東桜線	全線	上り線	遅延	線路内人立入
若山線	全線	上下線	運転見合わせ	強風
中町線	―	下り線	運転再開	線路内人立入

A

B

C

D

Ⅲ　駅の案内図を見ています。

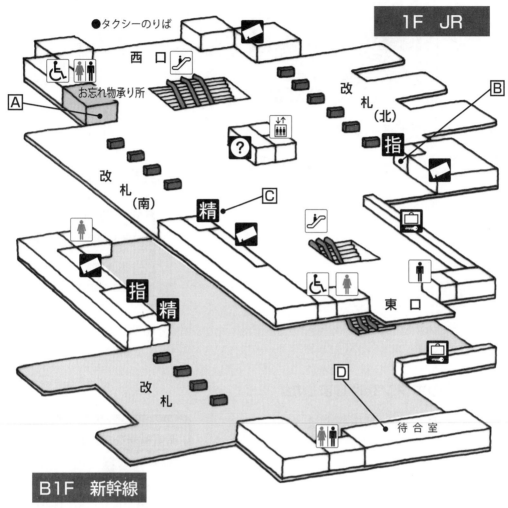

次のとき、A〜Dのどこへ行ったらいいですか。

① この駅で降りたいですが、切符のお金が足りません。　（　　　）

② 昨日、駅のトイレに傘をわすれてしまいました。　（　　　）

③ 新幹線の時間まで、ちょっと休みたいです。　（　　　）

IV　銀行のATMを使います。

次のとき、どのボタンを押しますか。

① 今、口座にいくら入っているか確認したいです。

（　　　　）

② 家賃を払いたいです。

（　　　　）

③ 買い物に行く前にお金を下ろしたいです。

（　　　　）

V　IVの③のボタンを押しました。

① 右の画面のとき、何を押しますか。

_____

② 入力を間違えてしまいました。A・Bの
　どちらのボタンを押したらいいですか。

（　　　　）

③ 2万円下ろします。最後にA〜Cのどの
　ボタンを押しますか。

（　　　　）

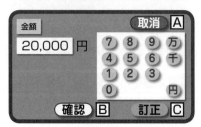

漢字のパーツ
かんじ

I 漢字をパーツに分けてください。
　かんじ　　　　　　　　　　わ

① 思 ＝ ☐ ＋ ☐

② 線 ＝ ☐ ＋ ☐ ＋ ☐

③ 注 ＝ ☐ ＋ ☐

④ 切 ＝ ☐ ＋ ☐

55	心	読み方 よみかた	シン　こころ
		ことば	心　安心　心配　＜心地＞ こころ　あんしん　しんぱい　ここち
		例文 れいぶん	国の家族が心配ですが、メールをもらって安心しました。 くに　かぞく　しんぱい　　　　　　　　　　　　あんしん
		書き順 かきじゅん	丶　心　心　心
	心		
		memo	

ポイント

①どっちがいい？
【こころ】

A 必　　B 心

56	主	読み方 よみかた	シュ　ス　おも　ぬし
		ことば	主人 しゅじん
		例文 れいぶん	この店のご主人は90才です。 みせ　しゅじん　さい
		書き順 かきじゅん	丶　二　ナ　主　主
	主		
		memo	

ポイント

②どっちがいい？
【主人】
A しゅうじん
B しゅじん

57	糸	読み方 よみかた	いと　シ
		ことば	糸 いと
		例文 れいぶん	ボタンの糸が切れました。 いと　き
		書き順 かきじゅん	く　幺　幺　糸　糸　糸
	糸		
		memo	

58	刀	読み方	かたな　トウ
		ことば	刀
		例文	昔、武士は刀を持っていました。
		書き順	フ　刀

ポイント

③どっちがいい？
【かたな】

A 力　　B 刀

Ⅱ _____の読み方を書いてください。

①山田さんの__ご主人__に会いました。

②__心__も体も元気です。

Ⅲ □にパーツを書いて、漢字を作ってください。

① チケットを予 勺 します。

② あなたの 音 見を聞きたいです。

③ 2年前、ネ めて日本へ来ました。

④ 友達に手 氏 を書きました。

Ⅳ 同じパーツがある漢字を書いてください。

① 主　② 心　③ 刀　④ 糸

第6課
だい か

旅行の計画
りょこう けいかく

● ◻ の中の言葉を下の①～③のグループに分けてください。
なか ことば した わ

> A　北海道　　B　出発　　C　国内
>
> D　一泊二食　　E　部屋　　F　乗り降り

①

②

③

親子旅行にぴったり！

ホテルウエスト

ドキドキ体験がいっぱい!!

キャンプをしよう！

カヌーに挑戦！

工作を体験！

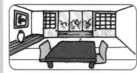

〈和室風呂付〉夕食：部屋にて地産地消の和会席
朝食：部屋又はレストラン又は広間にて和定食

大浴場 露天 温泉 洗浄器

夕食にドリンク1杯
サービス！

■旅行代金 1泊朝食付（大人お一人様 単位：円）

	平日・休日	休前日
4名1室	7,900 (6,800)	9,600 (8,000)
3名1室	8,500 (7,200)	11,800 (10,000)

※（　）内は子ども代金

前のページの答え：　　①D，E　　②B，F　　③A，C

59	子	読み方	こ シ ス
		ことば	子 子ども お菓子
		例文	子どもの代金は半額です。／男の子が泣いています。
		書き順	フ 了 子
	子		
		memo	

ポイント
①どっちがいい？
【こども】
A 了　　B 子

60	親	読み方	シン おや した-しい した-しむ
		ことば	親 親子 親切
		例文	親子一緒なら10%引きです。／親切な人が道を教えてくれました。
		書き順	ﾄ ﾕ 立 立 产 辛 亲 亲 剃 彩 親 親 親 親
	親		
		memo	

親切

61	代	読み方	ダイ か-わる タイ か-える しろ よ
		ことば	代金 ～代 時代 代わる
		例文	旅行代金は大人1人15,000円です。／食事代は別です。
		書き順	ノ イ 仁 代 代
	代		
		memo	

ポイント
②どっちがいい？
【代金】
A だいきん
B たいきん

代金

62	屋	読み方	オク や
		ことば	屋上 ～屋 <部屋>
		例文	ビルの屋上に上がります。／ホテルの部屋から海が見えます。
		書き順	フ コ 尸 尸 吊 居 居 犀 屋
	屋		
		memo	

ポイント
③どっちがいい？
【部屋】
A ぶや
B へや

部屋

63	内	読み方	ナイ ダイ うち
		ことば	国内 屋内 内科
		例文	国内旅行なら沖縄がいいですよ。／屋内プールで泳ぎます。
		書き順	1 冂 内 内
	内		
		memo	

ポイント
④どっちがいい？
A 內　　B 内

国内

64	自	読み方	ジ　シ　みずか-ら
		ことば	自分　自転車
		例文	自分で料理を作ります。／京都市内を自転車で観光しました。
		書き順	′　亻　门　白　自　自

自

memo

65	由	読み方	ユウ　ユ　ユイ　よし
		ことば	自由　理由
		例文	美術館の中は自由に見学できます。／理由を説明します。
		書き順	１　ロ　巾　由　由

由

memo

ポイント
⑤どっちがいい？
【自由】
A じゅう
B じゆ

自由

66	発	読み方	ハツ　ホツ
		ことば	出発　始発　発見
		例文	明日の朝、8時に出発します。／新しい星を発見しました。
		書き順	フ　フ　フ　ハ　ハ　ハ　ハ　癶　発

発

memo

ポイント
⑥どっちがいい？
【出発】
A しゅっぱつ
B しゅっぱつ

出発

67	着	読み方	チャク　き-る　つ-く　き-せる　つ-ける　ジャク
		ことば	着く　到着　着る　上着　着物
		例文	この電車は午後3時に着きます。／寒いから、上着を着ます。
		書き順	′　丷　ソ　ャ　半　半　羊　荠　着　着　着

着

memo

ポイント
⑦どっちがいい？
A 着　　B 着

く

68	遠	読み方	とお-い　エン
		ことば	遠い　遠足
		例文	この部屋は駅から遠いです。
		書き順	一　十　士　圡　吉　吉　声　克　袁　袁　遠　遠

遠

memo

い

読_よめる

＊Stay over/住宿/숙박하다

＊Transportation/接送/픽업

見_みて、わかる

往 復

＊Return trip/往返/왕복

運賃		往 復	片 道
	大 人	¥1,250-	¥680-
	小 人	¥630-	¥340-

Ⅰ　□に漢字を１つ書いて、（　　）にひらがなを書いてください。
　　　　かんじ　　　か　　　　　　　　　　　　　　　　か

① （　　　　　　）　　② （　　　　　）　　③ （　　　　　　）

```
      B →                    B →                        B →
  A↓ □ わ る          本 □  A↓             A↓ □ 切
     金                   上                    子
```

Ⅱ　A、Bの＿＿＿＿には同じ漢字が入ります。⬭から漢字を選んで書い
　　　　　　　　おな　かんじ　はい　　　　　　　　　　　かんじ　えら　　か
てください。また、（　　）に＿＿の読み方を書いてください。
　　　　　　　　　　　　　　　　　　　　よ　かた　か

① ┌ A ここに欠席の理＿＿＿＿を書いてください。　（　　　　　　　　）
　 │　　　　けっせき
　 └ B 自＿＿＿＿に意見を言ってください。　（　　　　　　　　）

② ┌ A 私は＿＿＿＿科の医者になろうと思っています。　（　　　　　　　）
　 │　　　　　　　　いしゃ　　　おも
　 └ B 国＿＿＿＿を旅行します。　（　　　　　　　）

③ ┌ A 台風で、飛行機の出＿＿＿＿が遅れています。　（　　　　　　　）
　 │　　　　　　ひ　き
　 └ B 新しい星を＿＿＿＿見しました。　（　　　　　　　）
　　　　　　ほし

④ ┌ A 寒いので、コートを＿＿＿＿ます。　（　　　　　　）
　 │　さむ
　 └ B 東京駅に10時に＿＿＿＿きます。　（　　　　　　）

```
┌─────────────────────────────┐
│   内    着    由    発   │
└─────────────────────────────┘
```

Ⅲ ＿＿＿＿の漢字をひらがなで、ひらがなを漢字で書いてください。
かんじ　　　　　　　　　　　　　　　　　　　　　　　　　かんじ　か

① このコンサートは＿親＿と一緒の＿こ＿ども（6歳以下）は入場無料です。
　　　　　　　　　　　　　　いっしょ　　　　　　　さいいか　　　　じょう

② アンナさんはおもしろくて、＿しんせつな＿人です。

③ ＿部屋＿から海が見えるホテルに＿泊まりたいです＿。

④ ＿温泉＿に入って、のんびりした。

⑤駅からホテルまで無料の＿送迎＿バスに乗ります。

⑥私の家は駅から少し＿とおい＿ところにあります。
　　　　　　　　すこ

Ⅰ 夏休みに大阪へ遊びに行くので、インターネットで旅行のサイトを見
　なつやす　おおさか　あそ　い　　　　　　　　　　　　　　りょこう　　　　　み
ています。

大阪で遊ぼう!! **ジャパン・スタジオ**（1泊）

~東京駅発着の新幹線利用のお得なプラン！~

旅行代金： **25,000円 ~ 37,000円** （大人1人）
【往復の乗り物＋ホテル代金】

※食事代、ジャパン・スタジオ入場チケット代は入っていません。
※子ども代金は9,000円引き（子ども：4~12歳、3歳以下は無料）
★親子で旅行の方には場内で使える2,000円分のクーポン券付き。
（子ども＝中学生以下）

出発日 ： 7月/ 15・16・⑰・⎡18⎤・⎡19⎤・⑳・21・22・23・24
※□＝37,000円　　○＝30,000円　　無印＝25,000円

コース ：

1日目	東京駅（8：00発）＝〈新幹線〉＝新大阪駅（10：40着）＝ジャパン・スタジオ（場内自由行動）＝ホテル（19：00着）
2日目	ホテル（朝出発）＝午前、市内自由観光＝〈各自移動〉＝新大阪駅（17：00発）＝〈新幹線〉＝東京駅（19：40着）

---

① 旅行代金に入っているものに○をつけてください。
　りょこうだいきん　はい

A
大阪 ⇄ 東京

B

C

D

② 2,000円のクーポン券がもらえるのはどんな人ですか。
　　　　えん　　　　けん　　　　　　　　　　　ひと

_____

③ 2日目の午前はどうしますか。
　ふつかめ　ごぜん

_____

④ 7月20日に小学生1人と一緒に行くとき、2人でいくらですか。
　しちがつはつか　しょうがくせいひとり　いっしょ　い　　　　　ふたり

_____円

Ⅱ　友達とインターネットを見ながら、北海道旅行の計画を立てています。
　　ともだち　　　　　　　　　　　　　　　　　　　ほっかいどうりょこう　けいかく　た

◎ 13

北海道　道東地区	＜宿泊インフォメーション＞	1人気順
Ⓐ 北海道リゾートホテル	**おいしい料理をお楽しみください。** ● 宿泊代金　：一泊朝食付　8,000円 　　　　　　　　一泊二食付　11,000円 ● 交通　　　：駅からタクシー（約30分） ● 部屋タイプ：洋室　バス・トイレ付 ● 食事　　　：夕食／朝食 レストランで ★ 屋内プール・テニスコートあり。（お泊まりの方は無料！）	
Ⓑ 旅館 北野	**森の中にある旅館です。** ● 宿泊代金　：一泊二食付　12,000円 ● 交通　　　：駅から無料送迎バス（約60分） ● 部屋タイプ：和室　トイレ付（バスなし） ● 食事　　　：部屋で ★ 山が見える温泉あり。	

【👁】①ホテルのページを見てください。
　　　　　　　　　　　　　　　　み

　（ア）Aのホテルにはどんなものがありますか。

　　　＿＿＿＿＿＿＿＿＿＿＿＿＿＿＿＿＿＿＿＿＿＿＿＿＿

　（イ）（ア）を無料で使えるのはどんな人ですか。
　　　　　　　　　む りょう　つか　　　　　　　　　　ひと

　　　＿＿＿＿＿＿＿＿＿＿＿＿＿＿＿＿＿＿＿＿＿＿＿＿＿

【👂】②友達とA・Bのどちらがいいか、話しています。
　　　　ともだち　　　　　　　　　　　　　　　　　はな

　　　どちらに決めましたか。
　　　　　　　　き

　　　　　　（　　　）

第6課 69

Ⅲ　ホテルや旅館について、いろいろな人がコメントを書いているサイトを
　　見ています。

Aホテル　｜クチコミ

やまけんさん　30代・男性
親子3人で泊まりました。スタッフがとても親切で、子どもがいても安心できました。

なっちゃんさん　20代・女性
海に泳ぎに行きました。海までちょっと遠いのが残念でした。魚料理がとてもおいしかったです。

ナナトさん　40代・女性
とてもいい温泉で、何回も入りました。ただ、夜、となりの部屋の人たちがお酒を飲んで話しているのが聞こえてきて……。

このホテルのいい点、よくない点は何ですか。

いい点　　：＿＿＿＿＿＿＿＿＿＿＿＿＿＿＿＿＿＿＿＿＿＿＿＿

　　　　　　＿＿＿＿＿＿＿＿＿＿＿＿＿＿＿＿＿＿＿＿＿＿＿＿

よくない点：＿＿＿＿＿＿＿＿＿＿＿＿＿＿＿＿＿＿＿＿＿＿＿＿

　　　　　　＿＿＿＿＿＿＿＿＿＿＿＿＿＿＿＿＿＿＿＿＿＿＿＿

Ⅳ　割引チケットについて調べていたら、次のようなチケットを見つけました。
　　わりびき　　　　　　　　　しら　　　　　　つぎ　　　　　　　　　　　　　み

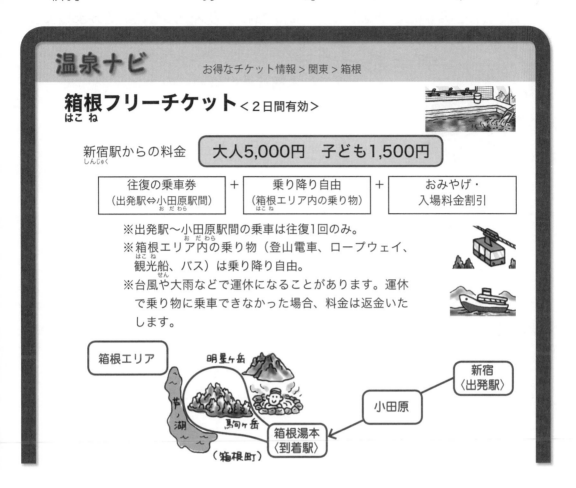

温泉ナビ　　　　お得なチケット情報 > 関東 > 箱根

箱根フリーチケット <2日間有効>
はこね

新宿駅からの料金　　　大人5,000円　子ども1,500円
しんじゅく

| 往復の乗車券 （出発駅⇔小田原駅間） おだわら | ＋ | 乗り降り自由 （箱根エリア内の乗り物） はこね | ＋ | おみやげ・ 入場料金割引 |

※出発駅〜小田原駅間の乗車は往復1回のみ。
　　　　　おだわら
※箱根エリア内の乗り物（登山電車、ロープウェイ、
　はこね
　観光船、バス）は乗り降り自由。
　かんこうせん
※台風や大雨などで運休になることがあります。運休
　で乗り物に乗車できなかった場合、料金は返金いた
　します。

箱根エリア　　明星ヶ岳
　　　　　　　　　　　　　　　　　　　　　　　新宿
　芦ノ湖　　　　　　　　　　　　　　　　　　〈出発駅〉
　　　　　駒ヶ岳　　　　　　　　　小田原
　　　　　　　　箱根湯本
　　　　（箱根町）　　〈到着駅〉

① どの人がこのチケットを買うといいですか。　　（　　　　　　　）
　　ひと　　　　　　　　　　　　　　　か

　ジョンさん：箱根の旅館を安く予約したいです。
　　　　　　　はこね　りょかん　やす　よやく

　サラさん　：箱根でいろいろな乗り物に乗って、たくさん遊びたいです。
　　　　　　　はこね　　　　　の　もの　の　　　　　　　　あそ

　リンさん　：箱根で遊んでから、そのまま大阪の友達の家へ行きます。
　　　　　　　はこね　あそ　　　　　　　　おおさか　ともだち　いえ　い

② 上の説明と合っているのはどれですか。　　（　　　）
　　うえ　せつめい　あ

　A 船には1回だけ乗れます。
　　ふね　　かい　　の

　B ロープウェイには何回も乗れます。
　　　　　　　　　　なんかい　の

　C 新宿と小田原の間を行ったり来たりしてもいいです。
　　しんじゅく　おだわら　あいだ　い　　き

Ⅴ　インターネットで旅館を探しています。泊まってみたい旅館があるのですが、わからないことがあります。問い合わせのメールを書いてみましょう。

・何時に旅館に着けばいいのかな。

・代金はいつ、どうやって払う？

・駅から車で60分？　ずいぶん遠いなあ。

・夜遅く着く予定だけど、夕食は？

・夕食は部屋で食べたいなあ。　…………

<お問い合わせ>

質問や希望がありましたら、こちらからどうぞ。　　△△旅館

第7課
だい　か

料理を作ろう！
りょうり　　つく

● どの順番で作りますか。レシピを見て番号を書いてください。
じゅんばん　つく　　　　　　　　　　　み　ばんごう　か

とろとろ♪「親子丼」

[材料（2人分）]

鶏もも肉	…………………………	½枚
たまねぎ	…………………………	小1個
卵	…………………………	4個
A 砂糖	…………………………	小さじ1
みりん	…………………………	大さじ1
酒	…………………………	大さじ1
しょうゆ	…………………………	大さじ2
だし汁	…………………………	カップ半分

[作り方]

1　鶏肉とたまねぎを切って、卵は2個ボールに入れてまぜておく。
2　なべにAの調味料、鶏肉、たまねぎを入れて、弱火で煮る。
　　半分をフライパンに入れる。
3　フライパンを強火にかけ、たまねぎが茶色になったら卵を入れてすぐにふた
　　をして火を消す。
4　丼にご飯を入れて、3をのせたら1人分のできあがり。

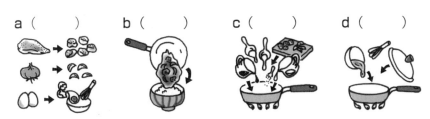

a（　　） b（　　） c（　　） d（　　）

とろとろ♪「親子丼」 アレンジ

鶏肉の代わりに牛肉を使ってもおいしいです。また、たまねぎの代わりに、ねぎやピーマンなどの野菜を使うと食感が変わって楽しいですよ。
お好みで、調味料を多めにしたり少なめにしたり調節してください。

できあがり！

前のページの答え：　　a（1）　b（4）　c（2）　d（3）

69	牛	読み方	ギュウ　うし
		ことば	牛肉　牛
		例文	スーパーで牛肉を買いました。
		書き順	ノ　ト　ニ　牛
		牛	
		memo	

ポイント

①どっちがいい？
【うし】

A 牛　　B 午

70	魚	読み方	さかな　ギョ　うお
		ことば	魚
		例文	今晩は魚料理を作ります。
		書き順	ノ　ク　ク　ク　ク　角　角　角　魚　魚　魚
		魚	
		memo	

71	飯	読み方	ハン　めし
		ことば	ご飯
		例文	毎日、朝ご飯を食べます。
		書き順	ノ　ハ　ケ　今　今　今　食　食　食　飣　飣　飯　飯
		飯	
		memo	

ポイント

②どっちがいい？
【ごはん】

A 飯　　B 飯

72	菜	読み方	サイ　な
		ことば	野菜
		例文	野菜をたくさん食べましょう。
		書き順	一　十　十　艹　艹　艹　艹　苧　苹　苹　菜
		菜	
		memo	

ポイント

③どっちがいい？
【野菜】

A やさい
B やすい

野菜

73	味	読み方	ミ　あじ　あじ-わう
		ことば	味　調味料　意味
		例文	料理の最後に味を確かめます。／この言葉の意味は何ですか。
		書き順	丨　口　口　口　呀　呀　味　味
		味	
		memo	

74	色	読み方	いろ シキ ショク
		ことば	色 景色 3色
		例文	料理は色も大切です。
		書き順	ノ ク ⺈ 夕 夂 各 色
		色	
		memo	

ポイント

④どっちがいい？

A 茶　　B 茶

75	茶	読み方	チャ サ
		ことば	お茶 茶色 喫茶店
		例文	お茶を飲みます。／玉ねぎを茶色になるまで炒めます。
		書き順	一 十 ⺾ ⺿ 艾 茶 茶 茶 茶
		茶	
		memo	

ポイント

⑤どっちがいい？

【すくない】

A 少い

B 少ない

76	少	読み方	ショウ すく-ない すこ-し
		ことば	少し 少々 少ない
		例文	鍋に油を少し入れます。／コショウを少々入れます。
		書き順	丿 小 小 少
		少	
		memo	

※「々」

同じ漢字を2回
使うとき、これ
を使います

77	洗	読み方	あら-う セン
		ことば	洗う 洗濯
		例文	野菜をよく洗います。
		書き順	丶 冫 氵 汁 洪 洪 涉 洗 洗
		洗	
		memo	

ポイント

⑥どっちがいい？

A 洗　　B 洗

78	弱	読み方	よわ-い ジャク よわ-まる よわ-める よわ-る
		ことば	弱い 弱火
		例文	弟は体が弱いです。／大根を弱火で煮ます。
		書き順	フ ⼸ 弓 弔 弔 弔 弔 弱 弱 弱
		弱	
		memo	

ポイント

⑦どっちがいい？

【よわい】

A 弱い

B 強い

79

読み方	アン　くら-い
ことば	暗い　冷暗所
例文	夜の道は暗いです。／冷暗所に置いてください。
書き順	丨 冂 日 日 日 旷 旷 旷 晬 晬 暗 暗 暗

暗

読める

砂糖
さ　とう

塩
しお

油
あぶら

卵
たまご

見て、わかる

限定

＊「定」→初中級　第4課
＊Limited／限定／한정

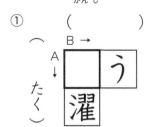
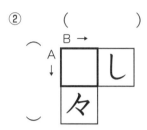
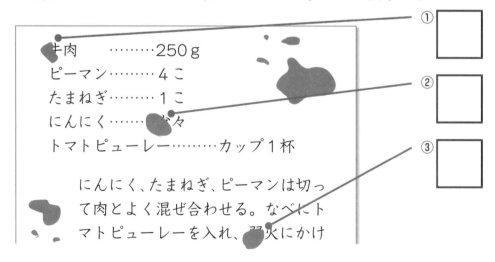

練習1 書いてみよう
れんしゅう　か

I □に漢字、（　　）に読み方を書いてください。
　　　かんじ　　　　　　　　よ　かた　か

① （　　　　　　　）

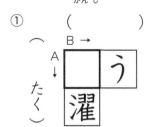

② （　　　　　　　）

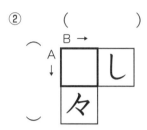

II ⬚⬚⬚ のパーツを使って、漢字を作ってください。
　　　　　　　　つか　　　　　かんじ　つく

例）私は肉も魚も食べません。トマトなどの野＿菜＿しか食べません。
れい

① ご＿＿＿＿を食べたあとで、あたたかいお＿＿＿＿を飲みます。

② 最後に塩、コショウで＿＿＿＿をつけます。
　さい

③ 私は肉より＿＿＿＿が好きです。

④ ここは夜、＿＿＿＿くてこわいです。

⬚⬚⬚⬚⬚⬚⬚⬚⬚⬚⬚⬚⬚⬚⬚⬚⬚⬚
　　　灬　　艹　　口　　反　　本　　日
⬚⬚⬚⬚⬚⬚⬚⬚⬚⬚⬚⬚⬚⬚⬚⬚⬚⬚

III 料理のレシピがソースで汚れています。読めない漢字を書いてください。
　　りょうり　　　　　　　　　　　よご　　　　　　よ　　　かんじ　か

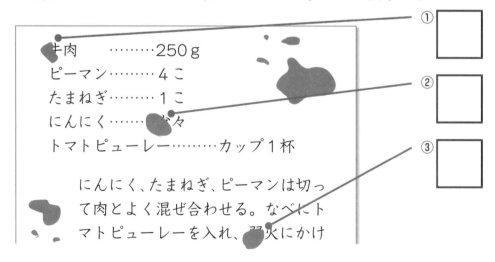

①

②

③

牛肉　　　………250ｇ
ピーマン………4こ
たまねぎ………1こ
にんにく……⬚々
トマトピューレー………カップ1杯

にんにく、たまねぎ、ピーマンは切っ
て肉とよく混ぜ合わせる。なべにト
マトピューレーを入れ、⬚火にかけ

78　第7課

Ⅳ _____の漢字をひらがなで、ひらがなを漢字で書いてください。
　　　　かんじ　　　　　　　　　　　　　　　　　　かんじ　か

① この料理は＿＿いろ＿＿がきれいです。

② ＿＿やさい＿＿はあまり食べません。

③ 小さいとき、体が＿よわかったです＿。

④ ＿砂糖＿と＿塩＿を入れます。

⑤ 毎朝、＿卵＿を食べます。

⑥ ＿ぎゅうにく＿が好きです。

Ｉ　スーパーへ買い物に行きました。
　　　　　　か もの い

① どのコーナーにありますか。Ａ～Ｇから選んでください。
　　　　　　　　　　　　　　　　　　　　　　　えら

（ア）　　　　（イ）　　　　（ウ）　　　　（エ）　　　　（オ）

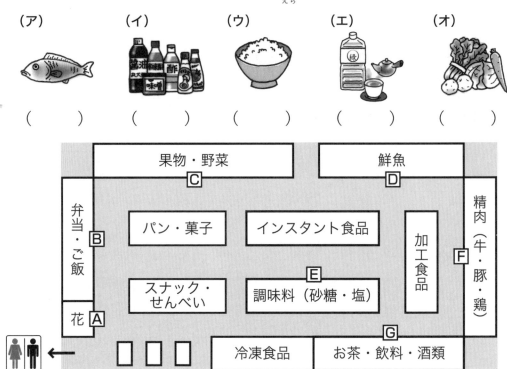

（　　　）　（　　　）　（　　　）　（　　　）　（　　　）

② 買ってからＡ・Ｂのどちらに置きますか。　　（　　　）
　　か　　　　　　　　　　　　　　　　　お

冷暗所に保存
日光をさけて、
すずしい場所に
保存して下さい

③ コーヒーに入れるものはＡ・Ｂのどちらですか。　　（　　　）
　　　　　　　　い

Ａ　　　　　　　　　Ｂ

④「夏季限定」の意味は何ですか。

_____

_____

⑤ ▨ はアレルギーがある人が気をつけたほうがいい食品です。

どんな物がありますか。

例)　　　　（ア）　　　（イ）

(×)　　（　　）　　（　　）

（ウ）　　　（エ）

（　　）　　（　　）

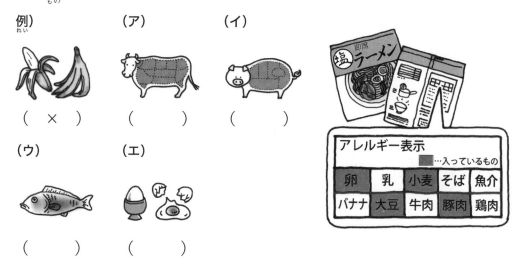

アレルギー表示
　　▨…入っているもの

卵	乳	小麦	そば	魚介
バナナ	大豆	牛肉	豚肉	鶏肉

⑥お菓子を買います。AとBは何が違いますか。

A　　　　　　　　　B

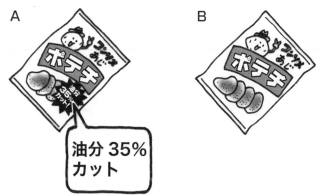

油分35%
カット

_____

Ⅱ　スーパーで料理のレシピをもらってきました。
りょうり

ブリ大根
だいこん

魚はよく洗って、さっとお湯に通します。
大根は輪切りにして皮をむきます。
砂糖大さじ2、しょうゆ大さじ2、塩少々を入れ、弱火で煮ます。
大根の色が中まで茶色になったら、できあがり。

① どんなものを準備しますか。
じゅんび

例)
れい

（　○　）　　　　　（　○　）

（ア）　　　　　（イ）　　　　　（ウ）　　　　　（エ）　　　　　（オ）

（　　　）　　　（　　　）　　　（　　　）　　　（　　　）　　　（　　　）

② まず、魚をどうしますか。　　（　　　）
さかな

A　　　　　　　　　B　　　　　　　　　C

③ しおはどのくらい入れますか。　　（　　　）
い

A　　　　　　　　　B　　　　　　　　　C

④ どれがいいですか。　　（　　　）

A　　　　　　　　　B　　　　　　　　　C

⑤ どのくらい煮ますか。　＿＿＿＿＿＿＿＿＿＿＿＿＿＿＿
に

Ⅲ　テレビで料理番組をやっていました。……………………………………… ◎ 15
　　　　りょうり　ばんぐみ

【耳】　①料理の先生の説明を聞いて、メモをしてください。
　　　　りょうり　せんせい　せつめい　き

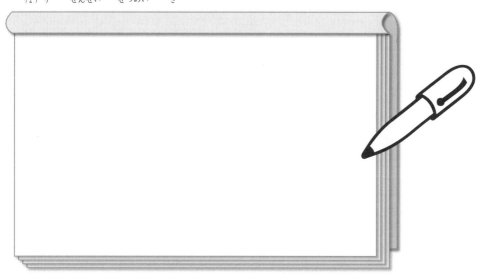

【目】　②もっと詳しく作り方を知りたいので、テレビで聞いた料理をホーム
　　　　　　　くわ　つく　かた　し　　　　　　　　　　　き　　　りょうり

　　　　ページで探します。A～Cのどの料理ですか。
　　　　　　さが　　　　　　　　　　　　りょうり

　　　　　（　　　）

本日の料理 レシピ紹介

☐☐☐☐☐☐☐ レシピを探す
　　　　　　　　　　　　○www検索　○サイト内検索

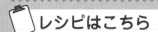レシピはこちら　●　●

A　牛カツレツ（20‥年6月04日放送）
　　　牛肉は1枚ずつ広げてから、塩こしょうで下味をつける。つけあわせの野菜
　　　はよく洗って水気を切っておく。牛肉に小麦粉、卵、パン粉をまぶしフライ
　　　パンに油を入れ……

B　さわらのソテー（20‥年6月05日放送）
　　　魚はさっと熱湯に入れて、表面が白くなったらすぐに取り出す。つけあわせ
　　　の野菜は一口大に切る。鍋にバターを入れ……

C　ハヤシライス（20‥年6月06日放送）
　　　牛バラ肉は3cm角に切り、塩、こしょうを強めにふって、小麦粉を少々まぶ
　　　す。フライパンに油大さじ2、バター大さじ2 ½を強火で熱し……

「くり返しの字に注意！」

「少々」のように同じ漢字が並ぶとき、後ろは「々」という記号を使います。

    国（くに）：国＋国⇒国々（くにぐに）
    人（ひと）：人＋人⇒人々（ひとびと）

後ろの漢字の初めの音に「 ゙ 」がつくこともあります。

    ※「ときどき」には「時々」の書き方があります。

その他、地名や人名にもあります。

    代々木（よよぎ）、佐々木（ささき）など

第8課
だい　　か

引っ越し
ひ　　こ

●①〜④はA〜Dのどの部屋ですか。
　　　　　　　　　　　　　へや

①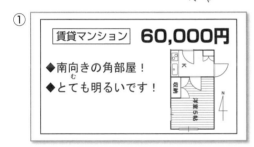

②

③

④

A

B

C

D

お部屋探しなら **東西不動産**

🔍 **人気の条件&キーワードから検索**

| ▌キーワードから | [　　　　　　　　　　　　　　] | 検索 |

▌**賃貸物件情報を人気の条件で検索したい方はこちら**

東京×沿線・駅　　　　神奈川×沿線・駅
埼玉×沿線・駅　　　　千葉×沿線・駅

▌**賃貸物件情報を人気の検索キーワードで検索したい方はこちら**

ペット相談可物件　　　楽器可新築物件
新築物件　　　　　　　保証人不要
バス・トイレ別物件　　オール電化

前のページの答え：　　　①D　　②A　　③B　　④C

80	広	読み方	ひろ-い　コウ　ひろ-がる　ひろ-げる　ひろ-まる　ひろ-める
		ことば	広い
		例文	もっと広い部屋に住みたいです。
		書き順	广广広広
	広		
		memo	

81	便	読み方	ベン　ビン　たよ-り
		ことば	便利　郵便局
		例文	ここは交通が便利です。
		書き順	ノ　イ　イ　仁　佢　佢　佢　伊　便
	便		
		memo	

ポイント

①どっちがいい？

A 便　　B 使

82	利	読み方	リ　き-く
		ことば	便利　利用
		例文	毎朝、地下鉄を利用しています。
		書き順	ノ　二　千　禾　禾　利　利
	利		
		memo	

便利

83	建	読み方	た-てる　ケン　コン　た-つ
		ことば	建物　２階建て　建てる　建築
		例文	この建物は100年前のものです。／私のアパートは２階建てです。
		書き順	フ　ユ　ヨ　ヨ　ヨ　聿　律　建　建
	建		
		memo	

ポイント

②どっちがいい？

A 建　　B 建

建物

84	近	読み方	キン　ちか-い
		ことば	近い　近所　最近
		例文	私の家は駅から近いです。／家の近所に図書館があります。
		書き順	ノ　イ　斤　斤　沂　近　近
	近		
		memo	

ポイント

③違うものは？

A 広　　B 近
C 明　　D 道

85	空	読み方	クウ　あ-く　そら　あ-ける　から
		ことば	空　空く　空気　空港
		例文	この席は空いていますか。／空気がきれいなところに住みたいです。
		書き順	` ﾉ ﾟ 宀 空 空 空 空
			空
		memo	

ポイント
④入らないのは？
【□室】

A 和　　B 空
C 中　　D 教

86	室	読み方	シツ　むろ
		ことば	空室　室内　教室
		例文	隣の部屋は空室です。／室内は禁煙です。
		書き順	` ﾉ 宀 宀 空 空 空 室 室
			室
		memo	

教室 □ □

87	和	読み方	ワ　オ　なご-む　なご-やか　やわ-らぐ　やわ-らげる
		ことば	和室　和食
		例文	私の部屋は和室です。／和食レストランで働いています。
		書き順	' ﾆ 千 手 禾 和 和 和
			和
		memo	

88	洋	読み方	ヨウ
		ことば	洋室　洋服
		例文	和室より洋室がいいです。／洋服のデザイナーになりたいです。
		書き順	` ﾟ ｼ ｼﾞ ｼﾞ 汭 汭 洋 洋
			洋
		memo	

ポイント
⑤どっちがいい？

A 洋　　B 洋

洋服 □ □

89	有	読み方	ユウ　あ-る　ウ
		ことば	有り　有名
		例文	バス無・トイレ有／富士山は日本で一番有名な山です。
		書き順	ノ ﾅ 才 有 有 有
			有
		memo	

有名 □ □

〜 階
かい

家 賃
や ちん
＊Rent/房租/집 세

保 証 人
ほ しょう にん
＊Guarantor/保証人/보증인

引 っ 越 し
ひ　　　 こ

敷 金
＊Deposit/押金/보증금

礼 金
＊Key money/礼金/사례금

＊「金」→初級 第３課

収 納
＊Storage/収納/수납

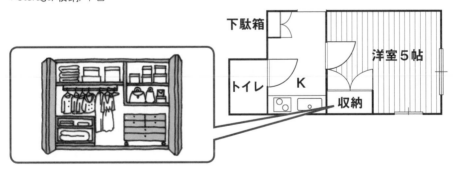

下駄箱

トイレ　K

洋室５帖

収納

練習1 書いてみよう

Ⅰ □に漢字を１つ書いて、（　）にひらがなを書いてください。

① （　　　　　）
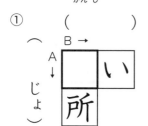

② （　　　　　　）
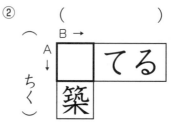

Ⅱ A～Eのグループの漢字を書いてください。

A：貝（2つ）	B：宀（5つ）	C：氵（6つ）	D：禾（5つ）	E：广（2つ）

Ⅲ （　）に読み方を書いてください。

例）電気 ＋ 会社（　かいしゃ　）→　電気会社（　でんきがいしゃ　）

①２人 ＋ 部屋 → ２人部屋（　　　　　　　　　　　）

②近 ＋ 所 → 近所（　　　　　　　　　　）

③２階 ＋ 建て → ２階建て（　　　　　　　　　　）

Ⅳ ＿＿＿＿＿の漢字をひらがなで、ひらがなを漢字で書いてください。

①家の＿近所＿の＿和食＿レストランへよく行きます。

②私の＿きょうしつ＿は４階です。

③　ひろい　部屋に住みたいです。

④フリーマーケットで　洋服　を売ります。
う

⑤学校は駅から　ちかくて　、とても　便利な　ところにあります。

⑥　空　の写真を撮るのが好きです。
と

⑦サッカー場を　利用　するときは予約が必要です。
じょう　　　　　　　　　　　　　　　　　　　　　　ひつよう

⑧昔、この　建物　は銀行でした。
むかし

⑨この町のお祭りはとても　ゆうめい　です。
まち　まつ

Ⅰ　あなたは引っ越しをしたいです。不動産屋さんにあなたの住みたい部屋
　　　ひ こ　　　　　　　　　　　　ふ どうさん や　　　　　　　　　す　　　　へ や
　を伝えましょう。
　　　つた

【物件依頼書】

ふりがな 氏名		性別	男・女	生年月日	年　　月　　日
携帯電話		e-mail			
希望地域		保証人	有・無	保証会社	利用する・利用しない
間取り／広さ	1（R・K・DK・LDK）、2（K・DK・LDK）／				㎡ ～
種別	アパート・マンション・一戸建て	家賃		円　～　　　円	
入居時期	年　　月　　日（上旬・中旬・下旬）				

Ⅱ　下のちらしを見て、質問に答えてください。
　　　した　　　 み　　　 しつもん こた

① 家賃はいくらですか。
　　やちん

_____

② このちらしの部屋はA・Bどちら
　　　　　　　　へ や
　ですか。

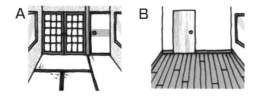

　A　　　　　　　　B

③ 家の周りには何がありますか。
　いえ まわ　　　 なに

_____

④ この部屋のいい点（ポイント）は何ですか。
　　　　へ や　　　 てん　　　　　　　　　なん

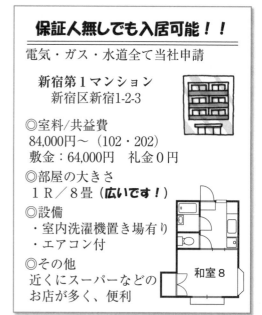

保証人無しでも入居可能！！

電気・ガス・水道全て当社申請

新宿第1マンション
新宿区新宿1-2-3

◎室料/共益費
84,000円～（102・202）
敷金：64,000円　礼金0円

◎部屋の大きさ
1R／8畳（**広いです！**）

◎設備
・室内洗濯機置き場有り
・エアコン付

◎その他
近くにスーパーなどの
お店が多く、便利

和室8

Ⅲ　A・Bのちらしを見て、質問に答えてください。

A　賃貸アパート　62,000円　1R（洋室6帖）

★ 明るい角部屋
★ 敷金・礼金なし
★ CATV
★ 電気コンロ
★ ロフト
★ バス・トイレ別

東京メトロ
○○駅　徒歩15分

1R
家賃　62,000円
礼金0　敷金0

入居可能日
来月下旬/居住中

木造1階/3階建

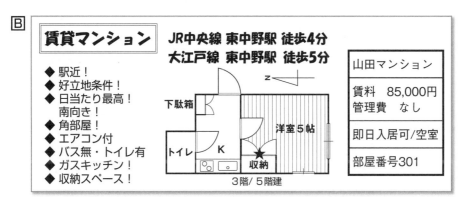

B　賃貸マンション

JR中央線 東中野駅 徒歩4分
大江戸線 東中野駅 徒歩5分

◆ 駅近！
◆ 好立地条件！
◆ 日当たり最高！
　南向き！
◆ 角部屋！
◆ エアコン付
◆ バス無・トイレ有
◆ ガスキッチン！
◆ 収納スペース！

下駄箱

トイレ　K　収納

洋室5帖

3階/5階建

山田マンション

賃料　85,000円
管理費　なし

即日入居可/空室

部屋番号301

① A・Bのどちらの部屋ですか。（　　）にA・Bを書いてください。

（どちらでもない…×）

（ア）（　　）

（イ）（　　）

（ウ）（　　）

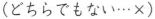

（エ）（　　）

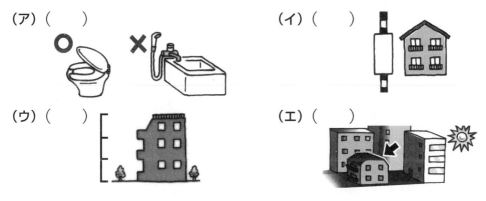

② 今すぐ住むことができるのはどちらですか。　（　　　）

③ Aの「洗」の意味は何ですか。また、家賃の他にお金がかかりますか。

_____　お金が ［ かかる ・ かからない ］

④ Bの部屋の★は何ですか。

_____

Ⅳ　あなたは友達と学校のロビーにある物件(部屋)の情報を見て、話しています。 …………………………………………………………… ◎ 17

【👁】物件（部屋）の情報を見てください。

【留学生のための物件】

	種別	間取り・条件	家賃・管理費／月	敷金・礼金	場所・最寄駅
A	賃貸アパート	2階1K (洋室6畳) バス・トイレ有 エアコン付 3駅利用可	55,000円 管理費5,000円	敷1ヵ月 礼0	JR総武線 東中野駅 徒歩10分 地下鉄東西線 西武新宿線
B	学生寮	1階　和室 (1人部屋) 駅近 台所・トイレ・ シャワー共用	43,000円	敷0 礼0	地下鉄大江戸線 ／丸の内線 中野坂上 徒歩5分
C	マンスリーマンション	家具・家電付 ネット対応 水・光熱費不要 フローリング	62,000円〜 管理費込	敷0 礼0	丸の内線 新高円寺 徒歩15分
D	留学生会館	3階　和室12畳 (2人部屋) 風呂・台所共有 女性　駅近	45,000円 共益費5,000円	保証金 1万	JR中央線・ 地下鉄東西線 中野駅 徒歩5分

【👂】①A〜Dのどの部屋を借りたいですか。　　（　　　　）

【👁】②Aの部屋は1か月いくらですか。　＿＿＿＿＿＿＿＿＿＿

楽しく覚えよう2
たの　　　おぼ

―音と意味がかくれている漢字―
おと　いみ　　　　　　　　　　かんじ

 …意味
いみ

 …音
おと

 えい

 泳

氵＋永

 み

 味

口＋未

 し

 仕

イ＋士

Q1　同じパーツはどれ？　その意味は？
おな　　　　　　　　　　いみ

　　　酒　　池　　洋

Q2　どんな音を持っている漢字？
おと　も　　　　　　かんじ

　　　方　　訪　　放

Q3 同じパーツはどれですか。○をつけましょう。そのパーツは、どんな音・意味だと思いますか。[　]に書きましょう。

[どんな音？]

例)

時	持

[ジ]

①

校	効
郊	交

[　]

②

園	遠
猿	

[　]

③

飯	販
阪	版

[　]

[どんな意味？]

④

仕	働
休	住

[　]

⑤

思	悪
忘	急

[　]

Q4 読んでみましょう。

①女性　　　　②案内　　　　③永遠

（　　　　）　（　　　　　）　（　　　　　）

④反対　　　　⑤未来　　　　⑥意志

（　　　　）　（　　　　　）　（　　　　　）

第9課
だい か

働いているところで
はたら

● どこで見ますか。どんなことが書いてありますか。
み か

> ・タイムカードは制服に着替えてから押す。
>
> ・手を洗ってからキッチンに入る。
>
> ・帰るまえに、火元をチェックする。

アルバイトの1日です。どの順番でしますか。
にち じゅんばん

(　　　) → (　C　) → (　　　) → (　　　) → (　　　)

A

B

C

D

E

●これは何ですか。何が書いてありますか。

●この漢字で、日本人の名前がいくつできますか。

> 木　田　口　西　中
> 林　森　山　川　村

木村さん　木田さん
森さん　林さん　小森さん　大森さん
小林さん　大林さん　森山さん　山森さん
山田さん　山川さん　山村さん　山口さん
田山さん　川田さん　田川さん　森川さん
川森さん　森口さん　山木さん
村山さん　村木さん　村田さん ……

前のページの答え：　　（ D ）→（ C ）→（ B ）→（ A ）→（ E ）

90	足	読み方	あし た-す た-りる　ソク　た-る
		ことば	足　足りる　足す　不足
		例文	足が痛いです。／お金が足りません。
		書き順	丨 口 口 甲 甲 昆 足
			足
		memo	

91	手	読み方	シュ て た
		ことば	手　運転手　手伝う
		例文	手を洗います。／運転手さんに道を聞きます。
		書き順	一 二 三 手
			手
		memo	

92	元	読み方	ゲン もと　ガン
		ことば	元気　火元　足元
		例文	今日も元気です。／火元に気をつけてください。
		書き順	一 二 テ 元
			元
		memo	

93	作	読み方	サク つく-る　サ
		ことば	作る　作文
		例文	カレーライスを作ります。／作文を書きます。
		書き順	ノ イ 亻 仁 作 作 作
			作
		memo	

94	返	読み方	ヘン かえ-す かえ-る
		ことば	返す　返事　返信
		例文	借りた本を返します。／メールを返信します。
		書き順	一 厂 反 反 返 返 返
			返
		memo	

ポイント

①どっちがいい？

A 是　　B 足

②どっちがいい？
【たりる】
A 足りる
B 足る

ポイント

③読み方は？
(ア) 上手：
(イ) 下手：
(ウ) 歌手：

元気 □□

ポイント

④違うものは？

A 作　　B 行
C 休　　D 使

□□る

ポイント

⑤どっちがいい？

A 返　　B 返

⑥どっちがいい？
【かえす】
A 返えす
B 返す

□□す

第9課　99

95	者	読み方	シャ　もの
		ことば	者　送信者　参加者 もの　そうしんしゃ　さんかしゃ
		例文	このメールの送信者は村山さんです。 そうしんしゃ　むらやま
		書き順	一　十　土　耂　者　者　者　者

者

memo

96	林	読み方	はやし　リン
		ことば	林　小林さん はやし　こばやし
		例文	お寺の後ろに林があります。 てら　うし　はやし
		書き順	一　十　才　木　朾　村　材　林

林

memo

ポイント

⑦どっちがいい？
【むら】

A 村　　B 材

97	森	読み方	もり　シン
		ことば	森　森林 もり　しんりん
		例文	森を歩きます。 もり　ある
		書き順	一　十　才　木　木　杢　森　森　森　森　森　森

森

memo

98	村	読み方	むら　ソン
		ことば	村　木村さん むら　きむら
		例文	村でお祭りがあります。 むら　まつ
		書き順	一　十　才　木　朾　村　村

村

memo

99	山	読み方	サン　やま
		ことば	山　山田さん　～山　＜山車＞ やま　やまだ　さん　だし
		例文	山に登ります。 やま　のぼ
		書き順	丨　屮　山

山

memo

100	川	読み方 _{よ かた}	かわ　セン
		ことば	川　小川さん _{かわ　お がわ}
		例文 _{れいぶん}	川で釣りをします。 _{かわ　つ}
		書き順 _{か　しゅん}	ノ 丿 川

ポイント

⑧どっちがいい？

A 川　　B 川

読める_よ

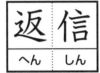
返信
_{へん　しん}

*Reply/回信/답장

～様
_{さま}

*Dear xxx/ ～先生（女士）/ ～귀하

見て、わかる_み

保存

*Save/store/保存/저장

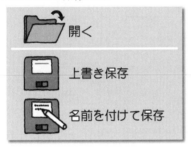

開く

上書き保存

名前を付けて保存

印刷

*Print/印刷/인쇄

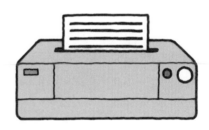

Ⅰ　□に漢字を１つ書いて、（　　）にひらがなを書いてください。
かんじ　　か　　　　　　　　　　　　か

① A↓ | 運 | ②　　　（　　　　　　　　　　）
　　　転　　　　　　　　　　　B→
　　　□ を洗う　　　　　　　A↓ □ 元注意
　　B→　　　　　　　　　　　　　り
　　（　　　　　　　）　　　　　　る

Ⅱ　_____に □ の漢字を、（　　）に読み方を書いてください。
　　　　　　　　かんじ　　　　　　　よ　かた　か

例）駅__員__　　①歌_____　　②銀行_____　　③会社_____
れい
　（えきいん）　　（　　　　　）　（　　　　　）　（　　　　　）

④運転_____　　⑤医_____　　⑥作_____
　（　　　　　）　（い　　　　）　（　　　　　）

```
手　　　者　　　員　　　家
```

Ⅲ　_____の漢字をひらがなで、ひらがなを漢字で書いてください。
かんじ　　　　　　　　　　　　かんじ　か

①__元気__にあいさつします。　　②__山__へ遊びに行きます。
　　　　　　　　　　　　　　　　　　　　あそ

③本を__返します__。　　④時間が__足りません__。

⑤__手__を洗います。　　⑥日本は__もり__が多いです。

⑦__あし__が痛いです。　　⑧__きむら__さんと__やまかわ__さんに会います。
　　　　いた

I あなたはこの店でアルバイトをしています。
　　　　　　　みせ

あいさつは元気に！

足元注意

高温注意

高温注意

火元注意

パンを作る前に
手を洗う！

開放厳禁

4℃

どんなことに気をつけたらいいですか。
　　　　　　き

・ _____

・ _____

・ _____

Ⅱ　あなたはピザ屋で働いています。お客さんから電話がかかってきました。

.... ◎ 19 ～ ◎ 20

電話で話しながら、お客さんの情報をパソコンに入力しています。

① 名前の漢字を選んでください。

　　名字：[　A 林元　　B 木本　　C 秋元　　D 森本　]

　　名前：[　A 英明　　B 映赤　　C 英秋　　D 映開　]

② お客さんの住所の漢字を選んでください。

　　中野区 [　A 山川町　　B 中川町　　C 山村町　　D 小林町　]

Ⅲ　あなたはレジで、お客さんに領収書を頼まれました。… ◎ 22 ～ ◎ 24

お客さんの名前を聞いて、漢字で名前を書いてください。

例)

20××年×月×日		No.00000

領 収 書

山　元　　様

¥　　8,320 -

上記金額を領収いたしました。

東京都千代田区＊＊＊＊
株式会社＊＊＊＊

①

20××年×月×日　　　　　　　　　　No.00000

領 収 書

＿＿＿＿＿＿＿＿＿＿＿様

¥　　12,000 -

上記金額を領収いたしました。

東京都千代田区＊＊＊＊
株式会社＊＊＊＊

②

20××年×月×日　　　　　　　　　　No.00000

領 収 書

＿＿＿＿＿＿＿＿＿＿＿様

¥　　9,815 -

上記金額を領収いたしました。

東京都千代田区＊＊＊＊
株式会社＊＊＊＊

Ⅳ　あなたは会社で仕事をしています。仕事のメールが届きました。

① 誰がこのメールを書きましたか。　　_____

② このメールを読んでから、木村さんにメールを書きたいです。

　　A〜Eのどれをクリックしますか。

　　（　　　　）

③ このメールを部長の小川さんに送りたいです。

　　A〜Eのどれをクリックしますか。

　　（　　　　）

Ⅴ　会社で新しい書類を作ることになりました。

📄 新プロジェクト

ファイル　挿入　書式　ツール　表示　ヘルプ

A　新規作成
B　開く
C　閉じる
D　名前を付けて保存

E　ページ設定
F　印刷プレビュー
G　印刷

H　送信

次のとき、A～Hのどれをクリックしますか。

① あたらしいファイルをつくりたいです。　　（　　　　）

② この書類をメールでおくりたいです。　　（　　　　）

③ この書類を、消さないで残したいです。　　（　　　　）

④ プリントアウトしたいです。　　（　　　　）

漢字字

初中級
Pre-Intermediate

たまご

CD 音声スクリプト・解答
おんせい かいとう

KANJI TAMAGO

CD音声スクリプト

第1課　始めよう！......................

やってみよう　Ⅲ

🔘 03

あなた：チャンさんはどのアルバイトが
　　　　したいの？

チャン：うーん、どれがいいのかなあ。
　　　　短い時間でたくさんお金がも
　　　　らえる仕事がいちばんいいけど
　　　　……。

あなた：どんなことが好きなの？

チャン：人と話すことかな。大人とでも、
　　　　子どもとでも、話すのは楽しい
　　　　から。

あなた：じゃあ、何か教えるのがいいん
　　　　じゃない？　これはどう？

チャン：うーん、中国語なら教えられる
　　　　けど、英語はちょっと難しいよ。

あなた：そっか。じゃ、泳ぐのは？

チャン：実はね、全然泳げないんだ。だ
　　　　から、このアルバイトは無理だ
　　　　ね。

あなた：そっか。……あ、確か、チャン
　　　　さん、日本でも運転してるよね。

チャン：うん。

あなた：じゃあ、これとこれは？

チャン：うーん、そうだね……。夜のほ
　　　　うがいいから、こっちにしよう
　　　　かな。時給は少し安いけど。

あなた：いいんじゃない？

チャン：じゃ、これから電話をかけてみ
　　　　るよ。

第2課　ショッピング.................

やってみよう　Ⅴ

🔘 05

友達　：何、見てるの？

あなた：うーん、自転車、探してるんだ。

友達　：ああ、いいね。折りたたみ自転
　　　　車だね。

あなた：これとこれ、送料、かからない
　　　　んだって。

友達　：へえ、いいんじゃない？

あなた：うん。でもやっぱりちょっと値
　　　　段がね……。

友達　：じゃ、これかこれは？

あなた：うん。そうだね。

友達　：あ、これ半額なんだって。

あなた：あ、本当だ。これ、いいね。こ
　　　　れにしよう！

第3課 目標に向かって.............

やってみようⅠ

① 🔊 07

アリ：あっ！ お知らせがたくさんある
　　　よ！

リサ：本当だ。ねえ、アリさんは、日本
　　　語学校を卒業したら、どうする
　　　の？

アリ：大学か専門学校に行こうと思って
　　　る。これから学校を調べるつも
　　　りなんだ。

リサ：へえ、そうなんだ。じゃ、これが
　　　いいね。

② 🔊 08

アリ：リサさんは、卒業したら、どうす
　　　るの？

リサ：私、日本で仕事したいんだ。

アリ：じゃ、ここへ行ってみたら？

③ 🔊 09

キム：あっ、リンさん！ 今年の留学試
　　　験を受けるって言ってたよね。こ
　　　こにお知らせ、出てるよ。

リン：あ、本当だ。ありがとう。

やってみよう Ⅱ

🔊 11

キム：リンさん、どこの学校に行くか決

めた？

リン：まだなんだ。でも、大学に行こう
　　　と思ってるよ。キムさんは？

キム：僕は、専門学校に行くつもり。

第6課 旅行の計画...................

やってみよう Ⅱ

🔊 13

あなた：ちょっと見て、こことここはど
　　　　う？ 食事も付いているよ。

友達：このエリアだったら、この2つ
　　　だね。どっちがいいかな。

あなた：ええと、こっちは安くて、1万円
　　　　かからないよ。

友達：でも、この値段は夕食がないよ。
　　　夕食もホテルで食べたいなあ。

あなた：じゃあ、夕食があるのは……。
　　　　どちらも同じぐらいの値段だね。

友達：私は、日本の部屋でゆっくり日
　　　本料理を食べてみたいなあ。

あなた：うん、いいね。それと、ホテル
　　　　の場所はどう？

友達：どっちも駅から遠いね。あ、こ
　　　こはお金がかかるよ。

あなた：少し遠くても、交通費がかから
　　　　ないほうがいいよね。

友達：あ、ここは、部屋にお風呂がな
いけど……。

あなた：私は部屋になくてもいいよ。景色
がいい温泉があるし。

友達：そうだね。じゃ、ここに決めよう。

あなた：うん。すぐ電話してみよう。

第7課　料理を作ろう！.............

やってみよう　Ⅲ

🎧 15

男：今日はフライパン1つでできるとて
も簡単な料理をご紹介します。では、
お願いします。

女：はい。まず、牛肉は一口大に切って、
塩、コショウを強めに振ってくださ
い。

男：はい。まず、牛肉に下味をつけるん
ですね。

女：そうです。そして、小麦粉を付けて
おきます。フライパンに油大さじ2、
バター大さじ2と2分の1を入れ
て、強火で熱します。そこへ牛肉を
入れて、茶色になるまで焼いて、取
り出します。

男：はい。おいしそうな茶色になりまし
たね。

女：次に、このフライパンに、タマネギ
とマッシュルームを入れて、火が通
るまで炒めて取り出します。バター
と砂糖を入れて…………

第8課　引っ越し.....................

やってみよう　Ⅳ

🎧 17

アリ：メイさんはどんなところに住みた
いの？

メイ：学校から近くて、アルバイトに行
くのも便利なところがいいなあ。

アリ：そっか。じゃ、これは？　駅から
ちょっと歩くけど、3つの電車が
使えるからアルバイトに行くの
にいいんじゃない？

メイ：そうだねえ……。でも、最初に払
うお金が……高いなあ。

アリ：予算はどのくらいなの？

メイ：1か月6万5千円までなら払える
かな？　でも、できれば安いほう
がいいよ。

アリ：じゃ、これは？　学校の近くだ
し、1か月5万円。それに女の人
だけだから安心だよ。

メイ：そうだけど……。1人部屋じゃな

いからなあ……。

アリ：じゃ、残ってるこれか、これだね。ここは駅からも近そうだよ。

メイ：そうだね。あ、でも、ここは畳かあ。できれば、洋室のほうがいいんだけどなあ。

アリ：だったら、こっちだね。ちょっと高いけど電気代とかインターネット代も込みだし。

メイ：そうだね。これからいろいろ買うことも考えたらこれがいいね。じゃ、ここ、見に行ってみようかな。不動産屋さんに電話してみるね。

第9課　働いているところで……

やってみよう　Ⅱ

① ◎19

店員：お電話ありがとうございます。ニコニコピザ中野店でございます。

客　：あ、ピザの注文をしたいんですけど。

店員：かしこまりました。配達のご注文でよろしいですか。

客　：はい。

店員：それではお客様のお名前をお願いいたします。

客　：モリモトヒデアキです。

店員：モリモト様は、「森」に「本」でよろしいでしょうか。

客　：はい。ヒデアキは、英語の「英」に「明るい」という漢字です。

店員：英語の「英」に「明るい」……。森本英明様ですね。かしこまりました。

② ◎20

店員：では、ご住所とお電話番号をお願いいたします。

客　：中野区山村町1－2－3

店員：中野区やまむら……ちょう……1－2－3ですね。かしこまりました。

やってみよう　Ⅲ

例）◎22

客　：あ、領収書、もらえますか。

店員：かしこまりました。お名前はどういたしましょうか。

客　：ヤマモトです。

店員：かしこまりました。「山・川」の「山」に「日本」の「本」でよろしいでしょうか。

客　：あ、「本」じゃなくて、元気の「元」のほう。

店員：かしこまりました。

① 🔘 23

客：領収書、もらえる？

店員：かしこまりました。

客：ミムラね。「三」に「村」。

店員：はい、三村様ですね。

② 🔘 24

客：領収書、いただけますか。

店員：かしこまりました。お名前はいかがいたしましょうか。

客：ショウジです。

店員：ショウジ様……。漢字を教えていただけますか。

客：東京の「東」に、「海」、「林」です。

店員：「東」、「海」、「林」で、東海林様ですね。少々お待ちください。

第10課　遊びに行って..............

やってみよう　Ⅲ　①

（ア）🔘 26

女：どこへ行ったらいいのかなあ。

男：あ、ここだ。今、受付してくるよ。ここで待ってて。

女：わかった。

（イ）🔘 27

女：これからどうする？

男：池の周りでも散歩しない？

女：いいね。

（ウ）🔘 28

男：ねえ、あそこで自転車、借りられるみたいだよ。

女：本当だ。明日は自転車でちょっと回ってみようか。

男：うん。じゃあ、今日、予約しておこうか。

（エ）🔘 29

女：キャンプ、楽しかったね。来年も、また来たいなあ。

男：そうだね。バーベキュー、おいしかったなあ。あー、なんかおなか、すいてきた。

女：私も。

男：今日のお昼、どうする？　近くにお店、ないよね。

女：あ、簡単なものだったら、あそこで食べられるみたい。

男：じゃ、そこでいいか。

第11課　地域で.....................

やってみよう　Ⅱ

① 🔘 31

男：ねえ、このバナナの皮とかはいつ捨てればいい？　前住んでいたところ

とは違うみたいなんだ。

女：えーと、今、見てみるね。それはね
え……、あ、これだ。ええと、それ
は燃えるごみだから……。あ、もう
今週は捨てられないよ。次は来週の
…………

② ◎ 32

男：あ！　ああ、コップが割れてる！
運んできたときに割れちゃったの
かあ。これって燃えないごみだよね。

女：うん、そうだね。

男：いつ出したらいい？

女：ここは南町だから……。あ、今週、
まだ出せるね。

③ ◎ 33

女：このプリント類、まだ見るの？

男：学校でもらって、勉強に使ったプリ
ントだから、捨てられなくて。

女：でも、もう見ないでしょ。

男：うん。じゃあ、捨てよう。

④ ◎ 34

女：ねえ、このビールの缶、捨てないと
いけないね。

男：南町の缶は………

第13課　学校で………………

やってみよう　Ⅱ

① ◎ 36

女：すみません。あのう、アルバイトと
か寮のことを知りたいんですけど、
どこで聞いたらいいですか。

男：あ、そういうのは、学生課ですよ。

女：学生課……あっ、ここですね。あり
がとうございます。

② ◎ 37

男：すみません、先輩の話が聞けるって
聞いたんですけど、どこでやってい
ますか。

女：それなら食堂ですよ。

男：あっ、ここですか。ありがとうござ
います。

③ ◎ 38

女　：田中先生にお話を伺いたいんです
が、田中先生はどちらにいらっ
しゃいますか。

学生：研究室か教室だと思いますが……。
あ、田中先生は今日、文学部の授業
がありますから、たぶん教室ですよ。

女　：教室……

学生：文学部の教室はここですよ。

女　：そうですか。ありがとうございま
す。行ってみます。

④ ◎39

男：次の見学の教室、どこだっけ？

女：次は料理の実習だから……

男：じゃあ、ここか。

やってみよう　Ⅳ

◎41

アン：先輩、この３つの中で、どの授業をとるか迷っているんです。

高橋：どれどれ、あー、同じ時間なんだね。アンさんは、外国語学部だよね？　先生になりたいの？

アン：うーん、今、考えているんです。

高橋：そっか。この授業、あまり休んじゃいけないんだよ。

アン：それは大丈夫です。先輩、こっちの授業はどうですか。

高橋：あ、去年、とったよ。おもしろかったけど、ほら、ここ、見て。

アン：あ、毎回、宿題があるんですね。できるかなあ。じゃあ、こっちのはどうですか。

高橋：ああ、経済の研究ね。テーマはもう決めたの？

アン：いいえ、これから。

高橋：それなら、テーマを考える時間も少ないし、来年にしたら？

アン：そうですね。じゃ、これか、これ

だなあ。

高橋：どっちも先生は厳しいけど、いい授業だよ。興味があるほうにしたら？

アン：はい。じゃ、今年は教育実習じゃなくて、文学にします。先輩、ありがとうございました。

第15課　ニュースをチェック..

やってみよう　Ⅰ

（ア）◎43

男：美術館から盗まれたのかな。

女：きっとそうじゃない？

（イ）◎44

女：まだまだ暑い日が続くんだね。

男：本当だね。

（ウ）◎45

女：すごいね！　銀メダルだって。

男：えっ、何の？

（エ）◎46

女：あ、この店、うちの近くなの。捕まってよかった。

男：え、本当？　怖いね。

（オ）◎47

男：最近、買う人、少ないんだね。

女：そうなんだね。

解答
かいとう

楽しく覚えよう1 ....
たの　　おぼ

覚えていますか？
おぼ

① 🏯 ：園　② 🐄 ：特

③ 🏠 ：室　④ 🌾 ：利

⑤ 🖐 ：押

第1課　始めよう！ ....
だい　か　　はじ

ポイント

①A　②A　③B　④A　⑤A

⑥B　⑦B

練習1：書いてみよう
れんしゅう　　か

Ⅰ　①運：Aうんてん，Bはこぶ

　　②泳：Aすいえい，Bおよぐ

　　③事：Aしごと，Bじこ

Ⅱ　①A英，B映：映，英

　　②A転，B運：転，運

　　③A男，B働：働，男

Ⅲ　①りゅうがくせい，英語，教える

　　②およぎました

　　③働ける，かた，じきゅう，ふか，

　　　仕事

練習2：やってみよう
れんしゅう

Ⅰ　アリさん：C　　まりさん：E

　　リンさん：D

Ⅱ　①Bさん

　　②（ア）○　　（イ）×　　（ウ）○

　　③履歴書（留学生は資格外活動許可書）
　　　りれき　　りゅうがくせい　しかくがいかつどうきょか

Ⅲ　C

Ⅳ　（例）
　　　れい

　　①ホールスタッフ

　　②【自己アピール／得意なこと】
　　　　じこ　　　　　　とくい

　　　私は旅行することが好きです。日本でもいろいろなところへ行って、たくさんの人と会いました。私は人と話すことが好きで、はじめて会った人とすぐともだちになることができます。英語もすこし話せますから、いろいろなおきゃくさんと話すことができます。それに、毎日ジョギングしていますから、体力もあります。
　　　　　　　　　　　　　　　　　たいりょく

　　　【応募動機】
　　　　おうぼどうき

　　　私はおきゃくさんの近くで働きたいです。おきゃくさんに料理を運ぶ仕事は、いろいろけいけんができるので、楽しいとおもいます。それに、しょうらいは料理の勉強をしたいとおもっているので、料理のみせで働きたいです。

第2課　ショッピング.................

ポイント

①B　②A　③A　④A

⑤B　⑥A

練習1：書いてみよう

Ⅰ　①送：Aそうりょう，Bおくる

　②品：Aしなもの，

　　　Bしょくりょうひん

Ⅱ　(例)

　いろいろな国の食料品やベビー服な

　どもあります。安いです。

Ⅲ　①びき　　②開きます

　③閉まって　　④べつりょうきん

　⑤しなぎれ　　⑥電気

練習2：やってみよう

Ⅰ　A

Ⅱ　①2階　　②地下1階

　③4階　　④4階

Ⅲ　①E　　②A

Ⅳ　①2300円　　②4500円

　③青／ブルー

Ⅴ　①B　　②（ア）

　③銀行振込み（前払い）

　④できない，セール品だから

第3課：目標に向かって..............

ポイント

①A　②B　③B　④B

⑤A　⑥B　⑦B　⑧D

練習1：書いてみよう

Ⅰ　①話　　②部

　③ム，米

Ⅱ　＜カ＞B，F，G，I，L

　＜シン＞A，E，J

　＜シ＞C，D，H，K

Ⅲ　①L下　　②I家　　③J新

　④G科，E進　　⑤D仕　　⑥C止

Ⅳ　①せんもん，説明会

　②がんしょ，写真

　③卒業，しゅうしょく

　④試験

練習2：やってみよう

Ⅰ　①E　　②B　　③D

Ⅱ　リン：A　　キム：B

Ⅲ　①39ページ　　②25ページ

　③90ページ　　④18ページ

Ⅳ　A

Ⅴ　①7／20　　②5／16

Ⅵ　①7／27　　②B　　③8／28

第４課：申し込んでみよう！......
だい　か　もう　こ

ポイント

①B　②B　③A　④C

⑤B　⑥A　⑦B　⑧C

⑨A　⑩A

練習１：書いてみよう
れんしゅう　か

Ⅰ　①集：**A**しゅうごう，**B**あつめる

　　②問：**A**しつもん，**B**といあわせ

Ⅱ　①人，がいこくじん

　　②員，かいしゃいん

　　③家，しゃしんか

　　④民，こくみん

Ⅲ　①お知らせ　　②無料

　　③定員　　④問い合わせ

Ⅳ　①住所　　②質もん
しつ

　　③よてい　　④役に立ちます

練習２：やってみよう
れんしゅう

Ⅰ　①申し込み
もう　こ

　　②（ア）何人でも入れる

　　　　（イ）無料

　　③（ア）山中市民センター前

　　　　（イ）山中市役所に電話する

Ⅱ　①区立山下区民スポーツセンター

　　②（例）山下区に住んでいる人、山
れい

　　　　　下区の学校に通う学生、山

下区で働いている人は、外

国人も日本人も申し込むこ
もう　こ

とができます。

③小学生以下（の人）
い

④電話またはメールに氏名（フリガ
し

　ナ）・住所・国籍・電話番号を書
せき　　　　　ばんごう

　いて申し込む
もう　こ

Ⅲ　①国内で通話し放題
ない　　　　ほうだい

②プラス毎月980円払うと、他の
はら　　　　ほか

　会社の携帯電話に半額でかけら
けいたい　　　がく

　れる／他社の携帯電話への国内
た　けいたい　　　　ない

　通話料が半額になる。
がく

③（イエロープラン基本使用料が）
きほん

　3か月無料になる。

Ⅳ　①（解答なし）
かいとう

②（例）
れい

件名：	体験授業申し込み じゅぎょうもう　こ
体験授業に申し込みます。 じゅぎょう　　もう　こ １．林成功（リンセイコウ） ２．東京都中野区×× ３．090-××××-□□□□ ４．あおぞら日本語学校 ５．１年半 私は日本語学校で勉強している留 学生です。 留学生も申し込み／参加ができま 　　　　もう　こ　　　さんか すか。	

第5課：住んでいる町で..............
だい か す まち

ポイント

①B　②B　③A　④A　⑤A

⑥A

練習1：書いてみよう
れんしゅう か

Ⅰ　①急：Aきゅうこう，Bいそぐ

　　②特：Aとくべつ，Bとっきゅう

　　③消：Aけしゴム，Bきえる

Ⅱ　①消す，忘れて　　②取って

　　③残って

　　④待ちます／待ちました／

　　　待っています

Ⅲ　①あずけます　　②かくにん

　　③おくれて　　④かくえきていしゃ

　　⑤回　　⑥あんしょうばんごう

Ⅳ　（省略）
しょうりゃく

練習2：やってみよう
れんしゅう

Ⅰ　①8：35　②8：30　③3

Ⅱ　①C　　②B

Ⅲ　①C　　②A　　③D

Ⅳ　①D　　②C　　③A

Ⅴ　①暗証番号　②B　　③B
　　あんしょうばんごう

漢字のパーツ.........................
かんじ

Ⅰ　①田，心　　②糸，白，水

　　③氵，主　　④七，刀

ポイント

①B　　②B　　③B

Ⅱ　①ごしゅじん　　②こころ

Ⅲ　①約　　②意　　③初　　④紙

Ⅳ　①注，住　　②思，悪，急

　　③切，初，分　　④線，終，紙

第6課：旅行の計画....................
だい か りょこう けいかく

ポイント

①B　　②A　　③B　　④B　　⑤A

⑥B　　⑦A

練習1：書いてみよう
れんしゅう か

Ⅰ　①代：Aだいきん，Bかわる

　　②屋：Aおくじょう，Bほんや

　　③親：Aおやこ，Bしんせつ

Ⅱ　①由：Aりゆう，Bじゆう

　　②内：Aないか，Bこくない

　　③発：Aしゅっぱつ，Bはっけん

　　④着：Aきます，Bつきます

Ⅲ ①おや，子　②親切な

　③へや，とまりたいです

　④おんせん　⑤そうげい

　⑥遠い

練習2：やってみよう

Ⅰ ①A，D

　②親子で旅行する人

　③市内自由観光

　④51000円（大人30,000円＋子ども

　　30,000円－9,000円＝51,000円）

Ⅱ ①（ア）屋内プールとテニスコート

　　（イ）このホテルに泊まる人

　②B

Ⅲ いい点：スタッフが親切，

　　　　　魚料理がおいしい，

　　　　　温泉がいい

　よくない点：海までちょっと遠い，

　　　　　となりの部屋の声が聞

　　　　　こえる

Ⅳ ①サラさん

　②B

Ⅴ （例）

　　　10月15日に友だちと4人で

　　　1ぱくする予定です。その日は早

　　　く部屋に入りたいですが、何時に

　　　着けば、入れますか。それから、

　　　もしできたら、夕食はレストラン

じゃなくて、部屋で食べたいんで

すが、できますか。よろしくお願

いします。

第7課：料理を作ろう！..............

ポイント

①A　②B　③A　④A　⑤B

⑥B　⑦A

練習1：書いてみよう

Ⅰ ①洗：Aせんたく，Bあらう

　②少：Aしょうしょう，Bすこし

Ⅱ ①飯，茶　②味　③魚　④暗

Ⅲ ①牛　②少　③弱

Ⅳ ①色　②野菜　③弱かったです

　④さとう，しお　⑤たまご

　⑥牛肉

練習2：やってみよう

Ⅰ ①（ア）D　（イ）E　（ウ）B

　　（エ）G　（オ）C

　②B　③A

　④夏だけ（ある）という意味です。

　⑤（ア）×　（イ）○　（ウ）×

　　（エ）○

　⑥Aは油が少ないです。

Ⅱ ①（ア）×　（イ）○　（ウ）○

（エ）×　（オ）○

②B　③C　④A

⑤大根の色が茶色になるまで煮ま
す。

Ⅲ ①（例）

```
1  牛肉  ひとくち大
   切って
   しお  こしょう  強め
2  こむぎこ
   フライパン
   あぶら  大2
   バター  大2と…  強火
3  牛肉入れて
   茶色になる  やいて
4  たまねぎ
   マッシュ…
```

②C

第8課：引っ越し ....

ポイント
①A　②B　③D　④C　⑤B

練習1：書いてみよう
Ⅰ ①近：Aきんじょ，Bちかい

②建：Aけんちく，Bたてる

Ⅱ （例）A買，員

B空，安，室，家，定

C泳，洗，海，洋，注，消

D私，科，秋，利，和

E広，度

Ⅲ ①ふたりべや　②きんじょ

③にかいだて

Ⅳ ①きんじょ，わしょく　②教室

③広い　④ようふく

⑤近くて，べんりな　⑥そら

⑦りよう　⑧たてもの　⑨有名

練習2：やってみよう
Ⅰ （省略）

Ⅱ ①84000円〜　②A

③スーパーなどの（お）店

④（例）

・保証人がいなくても借りられる

・礼金がない

・広い

・室内に洗濯機が置ける

・エアコンがある

・便利なところにある　など

Ⅲ ①（ア）B　（イ）B　（ウ）A

（エ）×

②B

③洗濯機置き場，かからない

④ （例）洋服を入れるところ／たんす

Ⅳ ①C　②60000円

楽しく覚えよう2 ....
<ruby>楽<rt>たの</rt></ruby>しく<ruby>覚<rt>おぼ</rt></ruby>えよう2

Q1 （<ruby>例<rt>れい</rt></ruby>）氵：水

Q2 ホウ

Q3 ①交：コウ　　②袁：エン

　　③反：ハン

　　④人　⑤心

Q4 ①じょせい　　②あんない

　　③えいえん　　④はんたい

　　⑤みらい　　⑥いし

第9課：働いているところで ......
<ruby>第<rt>だい</rt></ruby><ruby>課<rt>か</rt></ruby>：<ruby>働<rt>はたら</rt></ruby>いているところで

ポイント

①B　　②A

③（ア）じょうず　　（イ）へた

　（ウ）かしゅ

④B　　⑤B　　⑥B　　⑦A　　⑧B

練習1：書いてみよう
<ruby>練習<rt>れんしゅう</rt></ruby>1：<ruby>書<rt>か</rt></ruby>いてみよう

Ⅰ　①手：Aうんてんしゅ,

　　　　Bてをあらう

　　②足：Aたりる,

　　　　Bあしもとちゅうい

Ⅱ　①手：かしゅ

　　②員：ぎんこういん

　　③員：かいしゃいん

　　④手：うんてんしゅ／

者：うんてんしゃ

　⑤者：いしゃ

　⑥家：さっか／者：さくしゃ

Ⅲ　①げんき　　②やま

　　③かえします　　④たりません

　　⑤て　　⑥森　　⑦足

　　⑧木村，山川

練習2：やってみよう
<ruby>練習<rt>れんしゅう</rt></ruby>2：やってみよう

Ⅰ　（<ruby>例<rt>れい</rt></ruby>）

　　・足元に気をつけます。

　　・元気にあいさつします。

　　・パンを作る前に、手を洗います。

　　・オーブンが<ruby>熱<rt>あつ</rt></ruby>いので、やけどをし

　　　ないように注意します

　　・<ruby>冷蔵庫<rt>れいぞうこ</rt></ruby>を閉めます。

Ⅱ　①<ruby>名字<rt>みょうじ</rt></ruby>：D　<ruby>名前<rt>なまえ</rt></ruby>：A　　②C

Ⅲ　①三村　　②東海林

Ⅳ　①木村さん　　②A　　③C

Ⅴ　①A　　②H　　③D　　④G

第10課：遊びに行って ....
<ruby>第<rt>だい</rt></ruby><ruby>課<rt>か</rt></ruby>：<ruby>遊<rt>あそ</rt></ruby>びに<ruby>行<rt>い</rt></ruby>って

ポイント

①A　　②B　　③A　　④A　　⑤A

⑥B　　⑦B　　⑧B　　⑨B

練習１：書いてみよう

Ⅰ ①場：**A**じょう，**B**ばしょ

　②動：**A**どうぶつ，**B**うごく

　③店：**A**みせ，**B**てんいん

Ⅱ ①売　②公，遊　③軽

Ⅲ ①屋　②屋／局　③館　④園

　⑤館　⑥局　⑦場　⑧屋

　⑨館　⑩園

Ⅳ ①とり　②ゆうえんち，あそび

　③場所

　④みやげ，店，売っています

　⑤池

Ⅴ （省略）

練習２：やってみよう

Ⅰ ①B　②D　③A　④E

Ⅱ ①B

　②（ア）G　（イ）F　（ウ）C

　　（エ）E

　③（ア）池　（イ）H

Ⅲ ①（ア）D　（イ）B　（ウ）F

　　（エ）A

　②D

Ⅳ （省略）

第11課：地域で ....

ポイント

①B　②B　③B　④A　⑤A

⑥A　⑦A　⑧A

練習１：書いてみよう

Ⅰ 初：**A**さいしょ，**B**はじめて

Ⅱ ①**A**公，**B**校，**C**エ

　②**A**意，**B**医，**C**以

　③**A**書，**B**貸，**C**買，**D**借

Ⅲ ①以上　②貸して　③押して

　④みなみぐち，工事

　⑤もえる，かん

　⑥借りて，町

練習２：やってみよう

Ⅰ ①A

　②病院（木村医院）ができます／

　　新しい病院（医院）ができます。

　③（1）C

　　（2）申し込み用紙を受付に出す。

　　（3）はい

　④（テレビの）工事があるから

Ⅱ ①月曜日　②金曜日

　③土曜日　④火曜日

Ⅲ ①南口から出ます。

　②ボタンを押します。

③自転車を止めてはいけないところ

　に止めたから

Ⅳ　（省略）

　　　しょうりゃく

第12課：いろいろな健康法......
　だい　　か　　　　　　　　　　けんこうほう

ポイント

①A　　②A　　③A　　④A　　⑤B

練習1：書いてみよう
　れんしゅう　　か

Ⅰ　①頭＝豆＋頁　　②顔＝彦＋頁

　　③首＝道－之

Ⅱ　①走：はしる　　②声：こえ

　　③太：ふとって　　④重：おもくて

　　⑤頭痛：ずつう

Ⅲ　①たいじゅう　　②かお

　　③とけい　　④あたま　　⑤不足

　　⑥りょうあし　　⑦痛い

練習2：やってみよう
　れんしゅう

Ⅰ　①D　　②E　　③B　　④A

　　⑤C

Ⅱ　①（ア）E　　（イ）A　　（ウ）C

　　　（エ）D　　（オ）B

　　②5キロやせました，前より太りや

　　　すくなりました。

　　③運動不足だったから

Ⅲ　①D　　②A

楽しく覚えよう3 ....
　たの　　　　おぼ

Q　（例）
　　れい

　　安：家に女の人（お母さん）がいる

　　　　と安心です。

　　遊：帽子をかぶった子どもが自転車
　　　　ぼうし

　　　　に乗って道で遊んでいます。

イラストにしてみよう（例）
　　　　　　　　　　　　　　　　れい

明：　　　　　　　　　回：

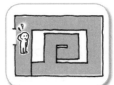

内：　　　　　　　　　品：

子：

③課題を出す　　④ない

第13課：学校で ....
だい　か　がっこう

ポイント
①D　　②A　　③B　　④B　　⑤A

⑥B　　⑦B

練習1：書いてみよう
れんしゅう　か

I　①頭，願，題，顔　　②席，度

　③空，究

II　①ドウ：A道，B堂，C動

　②ダイ：A題，B弟，C台

　③キュウ：A究，B急

　④ブン：A文，B聞

　⑤ケン：A験，B見，C建

III　①じゅぎょう　　②がくせいか

　③作文　　④習いました　　⑤欠席

　⑥全員

練習2：やってみよう
れんしゅう

I　①水曜日

　②授業の前に電話をする
　　じゅぎょう

　③A

II　①D　　②I　　③C　　④B

III　①（ア）実習室　　（イ）食堂の前
　　　　　じっしゅう

　②好きな映画作品を1つ選び，レ
　　　　　　　　　　　　えら

　　ポートを書く

　③全学年の学生

IV　①B　　②日本文学の作品を読む

第14課：日本を知る..................
だい　か　にほん　し

ポイント
①A　　②B　　③B　　④C　　⑤B

⑥A　　⑦C

練習1：書いてみよう
れんしゅう　か

I　①北：Aとうほく，Bほっかいどう

　②正：Aしょうがつ，Bただしい

II　A：秋，冬，夏，春

　B：市，県，都，道

　C：赤，黒，白，青，茶

　D：西，南，東，北

III　①赤：あか　　②白：しろ

　③黒：くろ／赤：あか

　④青：あお

IV　①お花見　　②あきまつり

　③正しい　　④おいわい

練習2：やってみよう
れんしゅう

I　①春，お花見　　②夏，花火大会

　③冬，雪祭り
　　　ゆき

II　①日本の（お）祭り

　②Aイ　　Bウ　　Cエ

III　①B，F　　②お赤飯

Ⅳ ①A（エ）　　B（ア），（イ）

　　②（お）正月　　③Aイ　　Bエ

第15課：ニュースをチェック..
だい　　か

ポイント

①A　　②B　　③B　　④A　　⑤A

⑥D　　⑦A　　⑧B

練習1：書いてみよう
れんしゅう　か

Ⅰ ①同：Aどうじ，Bおなじ

　　②去：Aかこ，Bきょねん

Ⅱ ①子　　②貝　　③心

Ⅲ ①暑い　　②悪い　　③同じ

　　④答え

Ⅳ ①考えても

　　②しつもん，こたえて　　③銀行

　　④漢字　　⑤へって，思います

　　⑥かこ，しらべます

Ⅴ （例）
れい

　　・大きい地震がありました。
じしん

　　・男が銀行で1000万円盗んで、
ぬす

　　逃げました。
に

　　・おばあさんを殺した人がつかまり
ころ

　　ました。

練習2：やってみよう
れんしゅう

Ⅰ ①（ア）C　　（イ）A　　（ウ）E

　　（エ）F　　（オ）G

　　②B：雨が降って川の水が増えて、
ふ　　　　　　　ふ

　　　2人が亡くなりました。
な

　　D：今年1年に交通事故で死んだ

　　　人が、今まででいちばん多い

　　　です。

　　H：今年の冬は寒くなります。

Ⅱ ①D

　　②先月の事件と同じ犯人
けん　　　はんにん

Ⅲ ①自分の自由になる時間をどのよう

　　に過ごしているか
す

　　②A2　　B5　　C4　　D3

　　E1

Ⅳ ①10 〜 15歳の子ども400人と
さい

　　35 〜 40歳の大人400人
さい

　　②漢字力（漢字の読み書き能力）が
のう

　　低下したと思っている大人が多

　　いです。

　　③PC（パソコン）をよく使うから

楽しく覚えよう4 ....
たの　　おぼ

Q ①B　　②A　　③B　　④A

　　⑤A，B

読み方に気をつけよう1 ‥‥‥‥‥

Q1 ①B ②B ③C

Q2 ①C ②B ③B

Q3 ①B ②B ③A

読み方に気をつけよう2 ‥‥‥‥‥

Q ①しなぎれ ②うでどけい

③ほんだな ④やっきょく

⑤はっけん ⑥ぶっか

⑦とっきゅう ⑧はっしゃ

⑨しゅっせき ⑩しょっき

⑪ぜんぽう ⑫はっぴょう

⑬しんぴん

もう少しやってみよう① ‥‥‥‥‥

Ⅰ ①住んでいる，ところ

②お願いします ③知って

④くやくしょ，あつまって

⑤ゆうがた，とも達

⑥かいし ⑦引いて，あけて

⑧役に立つ ⑨切って

⑩よみかた ⑪大切 ⑫しめて

⑬明日，しあい ⑭開いて

⑮明るく ⑯すすんで

⑰わかれる ⑱むり

Ⅱ ①ゆうじん ②きょうしつ

③へや ④ころんで

⑤ぎょうじ ⑥ほう法

⑦質もん

もう少しやってみよう② ‥‥‥‥‥

Ⅰ ①少ないです ②急に，代わって

③けして ④まわって

⑤着物，のこって

⑥おくれた，着く，おそく

⑦意味，自分 ⑧安心

⑨じだい，自由

Ⅱ ①招たい ②せん濯

③えんそく ④お菓し

もう少しやってみよう③ ‥‥‥‥‥

Ⅰ ①作られました ②たしました

③返事 ④元気 ⑤はやし

⑥もの ⑦てがみ

⑧うりば ⑨いしゃ ⑩かみ

⑪くうき ⑫あいて

⑬くうしつ ⑭しつない

⑮洋服 ⑯せいさん ⑰最しょ

Ⅱ ①富士さん ②うんどうぶそく

③はくちょう ④とうなん

⑤もうしこみようし

⑥うごかしました　⑦しんりん

⑧郵びんきょく　⑨けん築
　　ゆう　　　　　　ちく

⑩しちょうそん

もう少しやってみよう④.............
　　　すこ

Ⅰ　①思い出します　②か瓶
　　　　　　　　　　　びん

　　③走って　　④こえ　　⑤ふべん

　　⑥ふとくて，重い　　⑦どうじ

　　⑧計画　　⑨つごう　　⑩同じ

　　⑪よしゅう　　⑫せいよう

　　⑬おしょうがつ，寒かった

　　⑭去年，けん，暑かった

　　⑮あんぜん　　⑯きた，にし

　　⑰ずつう

Ⅱ　①ぶんかさい　　②はくし

　　③ちゅうもん　　④しゅと

　　⑤せいしゅん　　⑥おんせい

　　⑦もじ

第10課
だい　　か

遊びに行って
あそ　　　い

●関係があるものを線で結びましょう。
かんけい　　　　　せん　むす

① 遊園地　　　② 公園　　　③ 動物園　　　④ 美術館
　・　　　　　　　・　　　　　　　・　　　　　　　・

　・　　　　　　　・　　　　　　　・　　　　　　　・
　A　　　　　　　B　　　　　　　C　　　　　　　D

⑤ 池　　　　・　　　　　・ E サンドイッチ

⑥ 軽食　　　・　　　　　・ F ボート乗り場

⑦ 売店　　　・　　　　　・ G 写真

⑧ 展望台　・　　　　　・ H お土産

公園案内

キャンプ場

ボートハウス

池

売店

喫茶・軽食

鳥類園

前のページの答え：　①D　②C　③A　④B　⑤F　⑥E　⑦H　⑧G

101	場	読み方	ジョウ　ば
		ことば	場所　乗り場　〜場
		例文	集合場所を決めます。／長野県にはスキー場がたくさんあります。
		書き順	一　十　士　圹　圹　圹　圹　坦　坦　塌　場　場
	場		
		memo	

102	動	読み方	ドウ　うご-く　うご-かす
		ことば	動く　動物　自動車　運動　動かす
		例文	動物が大好きです。／電車が動いていません。
		書き順	一　二　テ　乕　乕　旨　宙　重　重　動　動
	動		
		memo	

ポイント

②どっちがいい？

【動物】
A とんぶつ
B どうぶつ

□□く

103	公	読み方	コウ　おおやけ
		ことば	公園
		例文	公園を散歩します。
		書き順	ノ　八　公　公
	公		
		memo	

104	園	読み方	エン　その
		ことば	公園　動物園
		例文	動物園でライオンを見ました。
		書き順	丨　冂　冂　用　围　罔　周　周　声　園　園　園　園
	園		
		memo	

105	鳥	読み方	とり　チョウ
		ことば	鳥　小鳥　白鳥
		例文	鳥が空を飛んでいます。
		書き順	ノ　イ　ヤ　户　户　自　鳥　鳥　鳥　鳥　鳥
	鳥		
		memo	

106	遊	読み方	ユウ あそ-ぶ ユ
		ことば	遊ぶ 遊園地
		例文	遊園地に友達と遊びに行きました。
		書き順	` ユ ぅ 方 方 ガ 疒 斿 斿 斿 游 遊
		遊						
		memo	

ぶ

ポイント
⑤どっちがいい？
【いけ】
A 池　　B 地

107	池	読み方	チ いけ
		ことば	池 電池
		例文	池のそばにベンチがあります。／リモコンに電池を入れます。
		書き順	` 氵 氵 汀 池 池
		池						
		memo	

ポイント
⑥どっちがいい？
A 店　　B 店

108	店	読み方	テン みせ
		ことば	店 店員
		例文	この店は店員さんがとても親切です。
		書き順	` 亠 广 庐 庐 庐 店 店
		店						
		memo	

ポイント
⑦どっちがいい？
A 売　　B 売

109	売	読み方	バイ う-る マイ う-れる
		ことば	売店 売る 売り場
		例文	要らない本を売りました。／売店でジュースを買います。
		書き順	一 十 士 声 声 声 売
		売						
		memo	

る

ポイント
⑧どっちがいい？
【お土産】
A どさん
B みやげ

110	産	読み方	サン うぶ う-まれる う-む
		ことば	～産 産地 生産 <土産>
		例文	このジャガイモは北海道産です。／あそこでお土産を売っています。
		書き順	` 亠 ナ ナ 立 产 产 产 産 産 産
		産						
		memo	

111

軽	読み方	ケイ　かる-い　かろ-やか
	ことば	**軽い**　**軽食**
	例文	このカメラはとても軽いです。／軽食なら、あの店で食べられます。
	書き順	一　｢　一　一　百　亘　車　車　軒　軽　軽　軽
軽		
	memo	

ポイント

⑨どっちがいい？

【自□車】

A 軽　　B 転

□ い

読める

美　術　館
び　じゅつ　かん

見て、わかる

展　望　台

＊「台」→初級 第15課

＊Observation deck/观景台/전망대

Ⅰ □に漢字を1つ書いて、（　）にひらがなを書いてください。
かんじ か か

①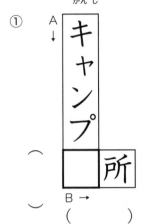

②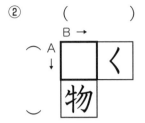

<ヒント>A＝サル、ライオンなど。

③

<ヒント>あの（A）の（B）
はみんな親切です。
しんせつ

Ⅱ □ のパーツを組み合わせて、漢字を作ってください。
く あ かんじ つく

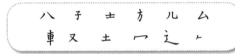

① _____店でガムを買います。

② _____園で子どもたちが_____んでいます。

③ このカメラはとても_____いです。

Ⅲ _____に □ の漢字を書いてください。
かんじ か

① パン___　　② 薬___／___　　③ 図書___　　④ 公___

⑤ 映画___　　⑥ 郵便___　　⑦ ボウリング___　　⑧ 花___
　　　　　　　　　ゆう　　　　　　　　　　　　　　　　　　はな

⑨ 美術___　　⑩ 動物___

場　館　園　屋　局

Ⅳ ＿＿＿の漢字をひらがなで、ひらがなを漢字で書いてください。

①朝、＿鳥＿の声が聞こえます。

②＿＿遊園地＿＿へ＿遊び＿に行きます。

③待ち合わせの＿＿ばしょ＿＿を確認します。

④お＿土産＿はあの＿みせ＿で＿うっています＿。

⑤＿いけ＿で釣りをします。

Ⅴ あなたの町に何がありますか。何をすることができますか。書いてください。

Ⅰ　週末、どこかへ遊びに行きたいですが、どこがいいかわかりません。
　しゅうまつ　　　　　　　　あそ　い

　インターネットを見て、調べます。
　　　　　　　　　　み　　しら

次のとき、どのボタンを押しますか。
つぎ　　　　　　　　　　　お

① パンダを見たいです。　　（　　　　）
　　　　　　み

② 有名な絵を見たいです。　　（　　　　）
　ゆうめい　え　み

③ ジェットコースターに乗りたいです。　　（　　　　）
　　　　　　　　　　　　の

④ ジョギングしたり、芝生でのんびりしたりし
　　　　　　　　　　　しばふ

　たいです。　　（　　　　）

レジャースポット
大特集！

A	遊園地
B	動物園
C	水族館
D	美術館
E	公園
F	温泉

Ⅱ　車で大きな公園に遊びに来ました。
　くるま　おお　こうえん　あそ　き

① どこに車を止めますか。
　　　くるま　と

　（　　　　）

② 公園でいろいろなことができます。
　こうえん

　次のとき、どこへ行きますか。
　つぎ　　　　　　い

　（ア）いろいろな魚が見たいです。　　（　　　　）
　　　　　　　さかな　み

　（イ）きれいなとりが見たいです。　　（　　　　）
　　　　　　　　　　み

　（ウ）スポーツをしたいです。　　（　　　　）

　（エ）上から景色を見たいです。　　（　　　　）
　　　　うえ　けしき　み

③ 今、★の場所にいます。
　いま　　　ばしょ

　（ア）近くに何がありますか。
　　　ちか　なに

　────────────────

　（イ）アイスクリームを買って食べたいです。
　　　　　　　　　　か　　た

　　どこへ行ったらいいですか。
　　　　　い

　────────────────

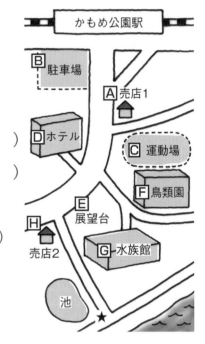

かもめ公園駅

B　駐車場

A　売店1

D　ホテル

C　運動場

F　鳥類園

E　展望台

H　売店2

G　水族館

池

★

Ⅲ　キャンプに来ました。……………………………………… ◎26 ～ ◎29

【👁】　地図を見てください。

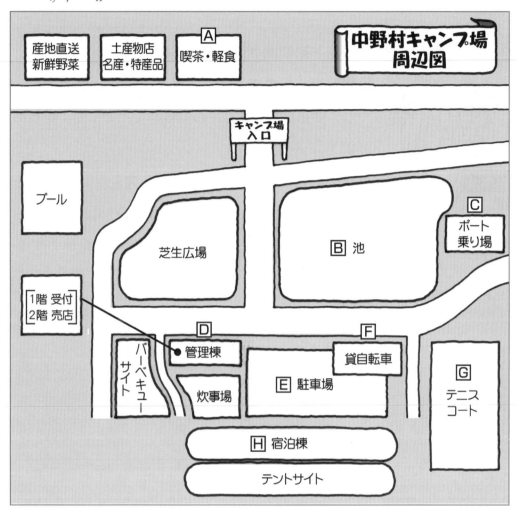

【👂】　①A～Hのどこへ行きますか。会話を聞いて、答えてください。

(ア)（　　　）　　　(イ)（　　　）

(ウ)（　　　）　　　(エ)（　　　）

【👁】　②キャンプ場の近くにないのはどれですか。　　（　　　）

A

B

C

D

IV 旅行の写真にキャプションをつけて、ブログに載せます。
旅行の感想を書きましょう。

例)

イースト動物園へ行ってきました！
日曜日だったので、とても混んでいました。
でも、動物たちをたくさん見られて、とてもよかった
です！
小さい動物にさわれる場所もあって、えさをあげる
ことができました。かわいかった〜 (^^)
もう少し空いているときにもう一度行きたいです！

PHOTO

第11課

だい　　　　　　か

地域で
ちいき

●自転車で学校へ行きます。どの道を通って行きますか。
　じてんしゃ　がっこう　い　　　　　　みち　とお　　　い

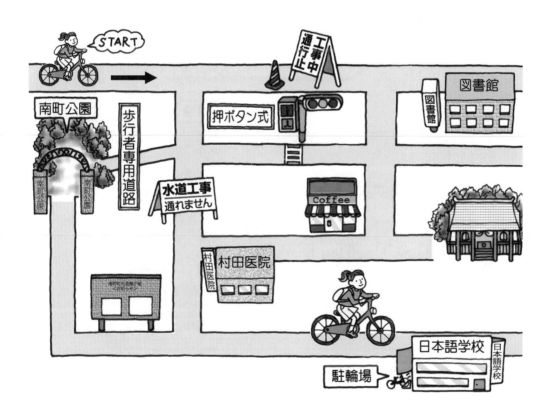

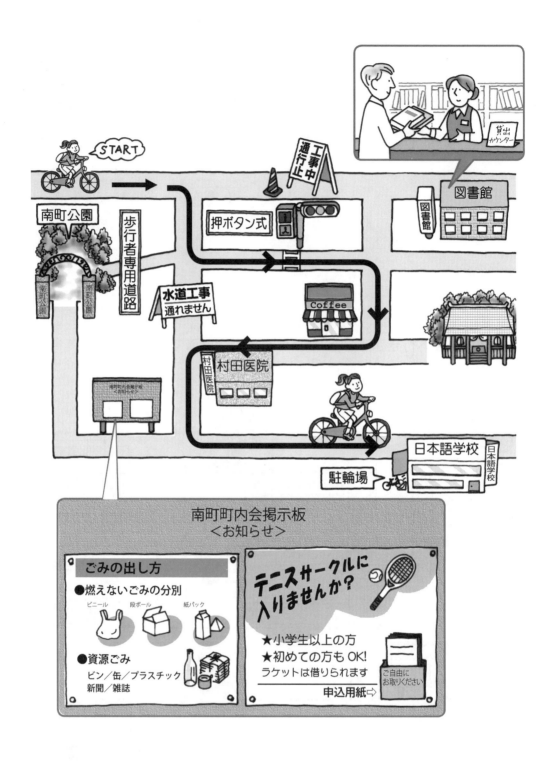

START

南町公園

歩行者専用道路

工事中
通行止

押ボタン式

水道工事
通れません

Coffee

村田医院

図書館

図書館

貸出
カウンター

日本語学校

駐輪場

南町町内会掲示板
＜お知らせ＞

ごみの出し方

●燃えないごみの分別

ビニール　段ボール　紙パック

●資源ごみ

ビン／缶／プラスチック
新聞／雑誌

テニスサークルに
入りませんか?

★小学生以上の方
★初めての方も OK!
ラケットは借りられます

申込用紙⇨

ご自由に
お取りください

前のページの答え：　　　　上の図の→
まえ　　こた　　　　　　　　うえ　ず

112	工	読み方 よ かた	コウ　ク
		ことば	**工事　工場** こうじ　こうじょう
		例文 れいぶん	この道は工事中で、通れません。／工場で働いています。 みち こうじちゅう とお　　　こうじょう はたら
		書き順 か じゅん	一　丁　工
	工							
		memo	

ポイント

①どっちがいい？

【工事】

A　こじ

B　こうじ

工事 | | |

113	医	読み方 よ かた	イ
		ことば	**医者　歯医者　〜医院** いしゃ　はいしゃ　いいん
		例文 れいぶん	近くに歯医者がありますか。／駅前に田中歯科医院があります。 ちか はいしゃ　　　　えきまえ たなかしか いいん
		書き順 か じゅん	一　ア　ァ　ㄷ　歪　歪　医
	医							
		memo	

ポイント

②どっちがいい？

A 医　　B 医

医者 | |

114	紙	読み方 よ かた	かみ　シ
		ことば	**紙　手紙　用紙** かみ　てがみ　ようし
		例文 れいぶん	この紙に名前を書いてください。／友達から手紙をもらいました。 かみ なまえ か　　　　ともだち てがみ
		書き順 か じゅん	く　幺　幺　糸　糸　糸　糸　紅　紙　紙
	紙							
		memo	

115	町	読み方 よ かた	チョウ　まち
		ことば	**町　〜町／町　市町村** まち　ちょう まち　しちょうそん
		例文 れいぶん	この町に古いお寺があります。 まち ふる てら
		書き順 か じゅん	丨　冂　冂　冊　田　田　町
	町							
		memo	

116	南	読み方 よ かた	みなみ　ナン　ナ
		ことば	**南　東南アジア** みなみ　とうなん
		例文 れいぶん	駅の南口から出ると、バス停があります。 えき みなみぐち で　　　　　てい
		書き順 か じゅん	一　十　ナ　肖　肖　肖　肖　南　南
	南							
		memo	

ポイント

③どっちがいい？

A 南　　B 南

117	以	読み方 よ かた	イ						
		ことば	以上　以下 いじょう　いか						
		例文 れいぶん	65歳以上の方は無料です。／今朝の気温は10度以下でした。 さいいじょう　かた　むりょう　　けさ　きおん　どいか						
		書き順 か じゅん	丨　乚　㇏　㇏　以						
		以							
		memo							

ポイント
④どっちがいい？
A 以　　B 以

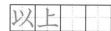

以上

118	初	読み方 よ かた	ショ　はじ-め　はじ-めて　うい　そ-める　はつ						
		ことば	初め　初めて　最初 はじ　　はじ　　さいしょ						
		例文 れいぶん	初めから読んでください。／この町に来たのは初めてです。 はじ　　よ　　　　　　　まち　き　　　　　　はじ						
		書き順 か じゅん	丶　㇇　礻　礻　衤　初　初						
		初							
		memo							

ポイント
⑤どっちがいい？
A 初　　B 初

⑥どっちがいい？
【はじめる】
A 始める
B 初める

119	借	読み方 よ かた	か-りる　シャク						
		ことば	借りる か						
		例文 れいぶん	図書館でCDと本を借りました。 としょかん　　　　ほん　か						
		書き順 か じゅん	ノ　イ　イ　㐀　借　借　借　借　借　借						
		借							
		memo							

□ めて

□ りる

120	貸	読み方 よ かた	か-す　タイ						
		ことば	貸す か						
		例文 れいぶん	友達にDVDを貸してもらいました。 ともだち　　　　　か						
		書き順 か じゅん	ノ　イ　イ　代　代　代　件　件　貸　貸　貸　貸						
		貸							
		memo							

ポイント
⑦どっちがいい？
【かします】
A 貸します
B 借します

□ す

121	押	読み方 よ かた	お-す　オウ　お-さえる						
		ことば	押す お						
		例文 れいぶん	このボタンを押すと、ドアが開きます。 お　　　　　　あ						
		書き順 か じゅん	一　扌　扌　扣　押　押　押　押						
		押							
		memo							

ポイント
⑧どっちがいい？
【おします】
A 押します
B 引します

□ す

燃	え	る
も		

*Burn/可燃/타다

缶	
かん	

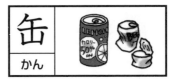

資	源	ご	み

*Recyclable waste/可回收垃圾/재활용 쓰레기

駐	輪	場

*「場」→初中級 第10課

*Parking lot for bicycles/停车场/주차장

第11課　121

Ⅰ　□に漢字を1つ書いて、（　　）にひらがなを書いてください。
　　　　　　　　かんじ　か　　　　　　　　　　　か

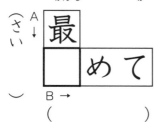

Ⅱ　＿＿＿＿に　□　の漢字を書いてください。
　　　　　　　　　　かんじ　か

①（こう）　A＿＿＿園　　B学＿＿＿　　　C＿＿＿場

②（い）　　A＿＿＿見　　B＿＿＿院　　　C＿＿＿内

③（か）　　A＿＿く　　　B＿＿す　　　　C＿＿う

　　　　　　D＿＿りる

買	公	貸	医
意	工	借	校
以	書		

Ⅲ　＿＿＿＿の漢字をひらがなで、ひらがなを漢字で書いてください。
　　　　　　　かんじ　　　　　　　　　　　　　　かんじ　か

① このお祭りは、300年＿＿＿いじょう＿＿＿の歴史があります。
　　　　まつ　　　　　　　　　　　　　　　　　れきし

② 友達が＿＿＿かして＿＿＿くれた本はとてもおもしろかったです。
　　だち

③ バスを降りるときは、このボタンを＿＿おして＿＿ください。

④ 駅の＿＿南口＿＿で道の＿＿＿こうじ＿＿＿をしています。

⑤ 今日は＿＿燃える＿＿ごみの日ですから、＿＿缶＿＿を出すことはできません。

⑥ 駅前で自転車を＿＿かりて＿＿、＿＿まち＿＿を観光します。
　　　　　　　　　　　　　　　　　　　　　　　　かん

Ⅰ　家のポストに、次のようなお知らせが入っていました。
いえ　　　　　　　つぎ　　　　　　　　　　し　　　はい

(ア)

図書館からのお知らせ

4月1日から、DVDも借りら
れるようになりました！！
どうぞご利用ください。

(ウ)

水泳教室　生徒募集中！

初めてでもだいじょうぶ！

対象：・中学生以上
　　　　・市内在住、在学、在勤の方

費用：4日間で2000円

申込：申込用紙を1階の受付に提出
　　　してください。

スポーツセンター
☎0477−22−3333

(イ)

＜お知らせ＞

南町駅前に6月18日（月）、
開院します。

木村医院

TEL：06−＊＊＊＊−3333

休診日：木曜日、日曜・祝祭日
診療時間：午前　9:00 ～ 12:30
　　　　　午後　3:00 ～ 6:00

(エ)

中野マンションにお住まいの方へ

工事のお知らせ

ケーブルテレビ回線新設のため、工事
をします。
以下の期間、テレビが見られません。
よろしくお願い申し上げます。

日時：20xx年5月30日（木）
　　　午後2時00分～ 3時00分

【問合せ先】
ＥＷケーブルテレビ
0121-111-2222

①（ア）のお知らせを見てください。A、Bのどちらが正しいですか。
　　　　　　　　　し　み　　　　　　　　　　　　　　　　ただ

　A この図書館では、DVDも貸しています。
　　　　としょかん　　　　　　　か

　B この図書館では、DVDが買えます。
　　　　としょかん　　　　　　　か

②（イ）のお知らせを見てください。どんなお知らせですか。
　　　　　　　　　し　み　　　　　　　　　　　　し

③（ウ）のお知らせを見てください。

    （1）この水泳教室に入れるのはどの人ですか。

        A　もっとはやく泳げるようになりたい人

        B　小学生

        C　あまり泳げない大学生

    （2）この水泳教室に入りたい人はどうしたらいいですか。

        _____

    （3）市内の学校に通っている人は入ることができますか。

        ［　はい　・　いいえ　］

④（エ）のお知らせを見てください。5月30日にテレビが見られないのはどうしてですか。

_____

Ⅱ　ごみの出し方についてルームメイトと話しています。…　◎31〜◎34

【👁】ごみ収集曜日の表を見てください。

ごみ収集・資源回収曜日一覧表

種類		出す場所	曜日（地区別）
可燃ごみ		ごみ収集所	全地区…月曜日・木曜日
不燃ごみ（陶器・ガラス・金属ごみ）		ごみ収集所	南町・西町………金曜日 北町……………土曜日
資源ごみ	びん・缶・ペットボトル	資源回収所	南町……………火曜日 西町・北町………金曜日
	プラスチック製容器包装		西町……………水曜日 南町・北町………土曜日
	古紙（新聞・雑誌・ダンボール、その他の紙ごみ）		全地区…………土曜日

【👂】引っ越しをしたばかりなので、ごみ収集の表を見ながら、話しています。会話を聞いてください。①〜④のごみは何曜日に捨てますか。

    ①_____　　②_____　　③_____　　④_____

Ⅲ　夜、駅から家に帰る途中です。
　　よる　えき　いえ　かえ　とちゅう

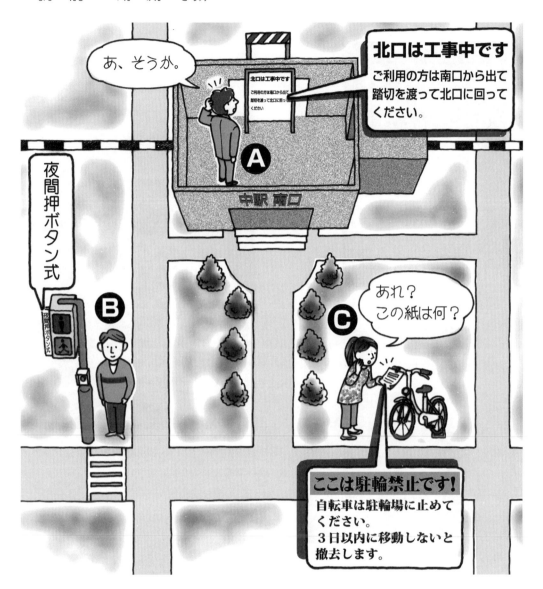

① Aさんはどうしますか。

_____

② Bさんはこの道を渡るとき、どうしますか。
　　　　　　　みち　わた

_____

③ Cさんの自転車にこの紙が貼ってあったのはどうしてですか。
　　　　じてんしゃ　　　かみ　は

_____

Ⅳ　町の中で気になった看板の写真を撮って、みんなに紹介しましょう。

第12課
だい か
いろいろな健康法
けんこうほう

●健康チェック！　あなたはどれ？
けんこう

はい ⟶　　　いいえ ----->

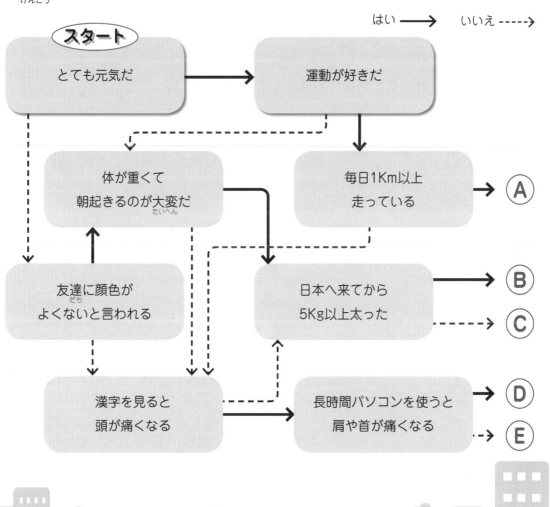

スタート
とても元気だ → 運動が好きだ

体が重くて
朝起きるのが大変だ
たいへん

毎日1Km以上
走っている → Ⓐ

友達に顔色が
だち
よくないと言われる

日本へ来てから
5Kg以上太った → Ⓑ
----> Ⓒ

漢字を見ると
頭が痛くなる

長時間パソコンを使うと
肩や首が痛くなる → Ⓓ
----> Ⓔ

さて、あなたは？

Ⓐ ……あなたはとても健康です。

今の生活を続けましょう！

Ⓑ ……食べすぎ、飲みすぎに注意しましょう。

毎日体重計にのって体重を量りましょう。

Ⓒ ……少し運動不足ですね。生活のリズムを変えてみましょう。

夜は早く寝て、朝早く起きて、軽い運動をしましょう。

Ⓓ ……長い間座っているときに、ときどき簡単な運動をしましょう。

好きな歌を歌って声を出すのもいいですよ。

Ⓔ ……あなたは健康です。でも漢字が苦手ですか？

このテキストで勉強すれば大丈夫！

122	頭	読み方	ズ　あたま　トウ　ト　かしら
		ことば	頭　頭痛　先頭
		例文	風邪で頭が痛いです。／頭痛がするので、薬を飲みました。
		書き順	一　ｒ　ｒ　ｒ　戸　豆　豆　豆　郅　郅　頭　頭　頭　頭　頭　頭
		頭	
		memo	

123	顔	読み方	かお　ガン
		ことば	顔　洗顔料
		例文	恥ずかしくて顔が赤くなりました。
		書き順	丶　亠　十　立　产　产　彦　彦　彦　郅　顔　顔　顔　顔　顔
		顔	
		memo	

124	首	読み方	くび　シュ
		ことば	首　手首　足首　首都
		例文	首を回す運動をします。
		書き順	丶　ｒ　ｒ　产　产　首　首　首　首
		首	
		memo	

125	走	読み方	はし-る　ソウ
		ことば	走る　100m走
		例文	毎朝、家の近くを走っています。
		書き順	一　十　土　キ　キ　赱　走
		走	
		memo	

126	声	読み方	こえ　セイ　ショウ　こわ
		ことば	声　音声
		例文	風邪をひいて声が出ません。
		書き順	一　十　声　声　声　声　声
		声	
		memo	

ポイント

①どっちがいい？
【あたま】

A 頭　　B 顔

ポイント

②どっちがいい？
【はしる】

A 走　　B 足

127	重	読み方	ジュウ おも-い チョウ え かさ-なる かさ-ねる
		ことば	**重い 体重**
		例文	最近食べすぎて体重が3キロ増えました。／荷物が重いです。
		書き順	一 ニ 二 币 市 盲 盲 重 重 重
	重		
		memo	

ポイント
③どっちがいい？
A 重　　B 重

☐ い

128	太	読み方	ふと-い ふと-る タ タイ
		ことば	**太い 太る**
		例文	最近、太ってしまいました。／太いペンで書いてください。
		書き順	一 ナ 大 太
	太		
		memo	

ポイント
④どっちがいい？
【ふとい】
A 太い
B 大い

☐ る

129	計	読み方	ケイ はか-らう はか-る
		ことば	**体重計 計画** 〈時計〉
		例文	毎日、体重計にのります。／夏休みの計画を立てます。
		書き順	、 二 主 三 言 言 言 計
	計		
		memo	

時計 ☐☐

130	不	読み方	フ ブ
		ことば	**～不足 不便** 不可 不明
		例文	運動不足で体が重いです。／駅から遠いので不便です。
		書き順	一 ア 不 不
	不		
		memo	

ポイント
⑤どっちがいい？
【運動不足】
A うんどうふそく
B うんどうぶそく

不足 ☐☐

131	痛	読み方	ツウ いた-い いた-む いた-める
		ことば	**頭痛 痛い**
		例文	頭痛がするので薬を飲みました。／風邪でのどが痛いです。
		書き順	、 亠 广 广 疒 疒 疒 疖 痄 痛 痛
	痛		
		memo	

☐ い

健康
けん こう
＊Health/健康/건강

両～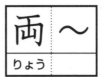
りょう
＊Both xxx/两～ /양～

肩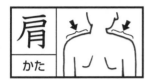
かた

体脂肪
たい し ぼう
＊Body fat/体脂肪/체지방

秒

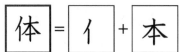

練習1 書いてみよう
れんしゅう　　か

Ⅰ 　　　の漢字の計算式を書いてください。
　　　　　かんじ　けいさんしき　か

例)
れい

$$体 = イ + 本$$

① □ = □ + □

② □ = □ + □

③ □ = □ − □

体　首
頭　顔

Ⅱ [　]の漢字を選んで○をつけてください。(　)に＿＿＿の読み方
　　　　　　かんじ　えら　　　　　　　　　　　　　　　　　　　　　　　よ　かた
　も書いてください。
　　　か

① 馬は [足 ・ 走] るのが速いです。
　うま　　　　　　　　　　　　　　　はや
　　　（　　　　　　　　　）

② となりの部屋から人が話している [声 ・ 音] が聞こえます。
　　　　　　　　　　　　　　　　　　　　　（　　　　　　　　　）

③ あまいものを食べすぎて [太 ・ 犬] ってしまいました。
　　　　　　　　　　　　　　（　　　　　　　　　）

④ この荷物は [重 ・ 軽] くて持てません。
　　　にもつ
　　　　（　　　　　　　　　）

⑤ 昨日から [頭通 ・ 頭痛] がするので、今日は学校を休みます。
　　きのう
　　　　　（　　　　　　　　　）

Ⅲ _____の漢字をひらがなで、ひらがなを漢字で書いてください。
_{かんじ}   _{かんじ か}

① __体重__ を量ります。
_{はか}

②朝起きて、すぐ__顔__を洗います。

③新しい__時計__を買いました。

④__頭__をマッサージします。

⑤運動__ぶそく__なので、ジョギングを始めます。

⑥__両足__でジャンプします。

⑦のどが__いたい__ので、うがいをします。

I 健康用品売り場へ来ました。説明書を読んでいます。
けんこうようひん う ば き せつめいしょ よ

下の①〜⑤のどの人が使ったらいいですか。合うものを選んでください。
した ひと つか あ えら

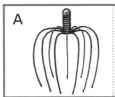

A 頭の上において
頭をマッサージし
ます。リラックス
できます。
（1200円）

健康用品コーナー
腰痛に ダイエットに 肩こりに

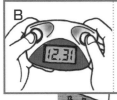

B 体脂肪が気にな
る人に。毎日の
健康チェックにお
すすめです。
（1000円）

C 走りながら、音楽
が聞けます。手
首なのでじゃまに
なりません。
（850円）

D 肩こり解消! チタ
ン製。つけるだけ
で痛みがとれます。
（1800円）

E 美白&小顔が作れ
ます。お風呂のあ
とで毎日マッサー
ジしてください。
（1500円）

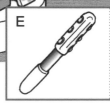

① (   )

② (   )

③ (   )

④ (   )

⑤ (   )

Ⅱ これからダイエットしようと思います。その前にインターネットで、ダイエットについて調べています。

アナタのダイエット成功談・失敗談大募集

プロジェクト詳細　ブログ記事一覧

1 2 3 4 5 次の5件 >>

失敗談

Aさん：1日1時間走ると決めましたが、続けられませんでした。……＜もっと読む＞

Bさん：毎日野菜だけを食べて10キロやせましたが、すぐリバウンドして、
5キロ太りました。前より太りやすくなってしまいました。……＜もっと読む＞

成功談

Cさん：私は、やせるお茶をたくさん飲んでやせました。……＜もっと読む＞

Dさん：毎日公園で大きい声を出して、おなかの運動をしました。……＜もっと読む＞

Eさん：運動不足で太ってしまいました。毎日体重計にのって、ノートに書いたらやせました。……＜もっと読む＞

① A～Eのどの人のダイエット方法ですか。記号を書いてください。

（ア）（　　　　）　　　（イ）（　　　　）　　　（ウ）（　　　　）

（エ）（　　　　）　　　（オ）（　　　　）

② Bさんは、ダイエットする前とどう変わりましたか。

_____

③ Eさんはどうしてふとりましたか。

_____

Ⅲ　雑誌でヨガの紹介のページを見ています。

┌─────────────────────────┐
│　　美容と健康にいいポーズ　　│
└─────────────────────────┘

① 1．両足を前後に開いて立つ。
　 2．前の足をまげて後ろの足をまっすぐにする。
　 3．両手を合わせてまっすぐ上に上げ、顔をあげて頭を後ろのほうへたおす。
　　　 20 〜 30秒キープする。

② 1．両足を左右に開いて立つ。
　 2．両手を左右にまっすぐのばす。
　 3．体の上半分を左へたおしていく。このとき、おしりとおなかは出ないよ
　　　 うにする。左手で左足の持てるところを持つ。できる人は足首を持つ。
　　　 そのとき、足をまげない。右手はまっすぐ上にのばす。20 〜 30秒キー
　　　 プする。

上の① ②に入る写真は下のA〜Dのどの写真ですか。
　①（　　　　）　　　　　②（　　　　）

A 三角のポーズ

（足とウエストのひきしめ）

B 一本足のポーズ

（足首のひきしめ）

C 弓を引くポーズ

（ヒップアップ、足のひきしめ）

D 英雄のポーズ

（足とウエストのひきしめ）

楽しく覚えよう3
たの　　　　　おぼ
―みんなのアイディアー

●漢字をパーツに分けて、ストーリーを作ってみよう！
　かんじ　　　　　　　わ　　　　　　　　つく

| 親 | 親 は 木 の上に 立 って私をいつも見ています。 |

親 は 木 の上に 立 って私をいつも見ています。
おや　　き　うえ　た　　わたし　　　　み

（両親はいつもわたしのことを高いところから見守っています。）
りょうしん　　　　　　　　　　　　たか　　　　　　　　　みまも

　Q　ストーリーを考えてみよう
　　　　　　　　　　　かんが

　　安 _____

　　遊 _____

●イラストにしてみよう！

太　　　無　

悪　　　重　

走

鳥

明

回

内

品

子

第13課
だい　　　か

学校で
がっこう

●下の①～⑫はどんなところですか。
した

■ 構内案内図

① 教室棟（文学部・教育学部）	⑤ 講堂	⑨ 学生食堂
② 実習棟	⑥ 図書館	⑩ 体育館
③ 教室棟（理工学部）	⑦ 総合研究棟	⑪ 売店
④ 事務局（学生課・教務課）	⑧ コンピュータ棟	⑫ 留学生センター

① 教室棟 （文学部・教育学部）： 学生が勉強するところ	② 実習棟： 実際に何かをしながら勉強するところ	④ 学生課： 学生が、生活のことなどを相談するところ

⑦ 総合研究棟： いろいろな研究をする部屋	⑨ 学生食堂： 食事をするところ（学食）	

●ロビーにお知らせが貼ってありました。

【文学部1年生】

課題：レポート作成

【留学ガイダンス】

欠席者は、学生課にパンフレットを取りに来てください。

132	文	読み方	ブン モン ふみ
		ことば	作文 文学部 注文 文化 <文字>
		例文	作文を書きます。／大学の文学部に入りたいです。
		書き順	丶 一 ナ 文

文

memo

作文 ☐ ☐

133	研	読み方	ケン と-ぐ
		ことば	研究
		例文	大学院で日本文化を研究しています。
		書き順	一 ナ 石 石 石 矿 研 研

研

memo

ポイント

①違うのはどれ？

A 語 　 B 切
C 究 　 D 薬

研究 ☐ ☐

134	究	読み方	キュウ きわ-める
		ことば	研究
		例文	研究室は5階です。
		書き順	丶 丷 宀 宀 空 空 究

究

memo

135	課	読み方	カ
		ことば	学生課 課題 課長
		例文	学生課でアルバイトを探します。／夏休みの課題を提出します。
		書き順	丶 亠 言 言 言 言 訳 課 課 課 課 課 課

課

memo

ポイント

②どっちがいい？

A 題 　 B 題

課題 ☐ ☐

136	題	読み方	ダイ
		ことば	問題 宿題
		例文	わからない問題があったら、すぐに質問します。
		書き順	丨 冂 月 日 旦 早 昰 是 是 是 匙 題 題 題 題 題 題 題

題

memo

137	習	読み方	シュウ　なら-う										
		ことば	**習う　予習　実習　練習**										
		例文	日本語を習います。／授業の前に予習をします。										
		書き順	⁊	⁊	⁊	⁊ヿ	⁊ヿ	ヲヲ	羽	羽	習	習	習
		習											
		memo											

③どっちがいい？
【ならう】
A 習らう
B 習う

	う

138	堂	読み方	ドウ										
		ことば	**食堂　講堂**										
		例文	食堂で昼ご飯を食べます。										
		書き順	⎸	⎹	⎀	⎀	尚	尚	尚	営	営	堂	
		堂											
		memo											

④どっちがいい？

A 堂　　B 堂

食	堂		

139	席	読み方	セキ									
		ことば	**出席　席**									
		例文	授業に出席します。／隣の席の人に辞書を借りました。									
		書き順	丶	亠	广	户	庐	庐	庐	庐	庐	席
		席										
		memo										

⑤どっちがいい？
【しゅっせき】

A 席　　B 度

140	欠	読み方	ケツ　か-ける　か-く			
		ことば	**欠席**			
		例文	風邪で授業を欠席しました。			
		書き順	ノ	⺈	ケ	欠
		欠				
		memo				

欠	席		

141	全	読み方	ゼン　まった-く　すべ-て				
		ことば	**全部　安全　全〜**				
		例文	宿題は全部終わりました。／すぐに安全な場所へ避難してください。				
		書き順	ノ	八	合	今	全	全
		全						
		memo						

⑥どっちがいい？
【ぜんいん】

A 金　　B 全

全	部		

読める

じゅ ぎょう
＊Class/上课/수업

しゅく だい
＊Homework/作业/숙제

じっ しゅう
＊Practice/实习/실습

りょう
＊Dormitory/宿舍/기숙사

ポイント

⑦どっちがいい？

【授業】

A じゅうぎょう

B じゅぎょう

見て、わかる

期 限
＊Deadline/期限/기한

Ⅰ □ のパーツを使って、漢字を作ってください。
　　　　　　つか　　　　かんじ　つく

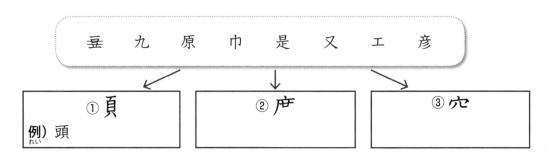

垚　九　原　巾　是　又　工　彦

①頁　　　　　　　　　　②庐　　　　　　　　　③宂
例)頭
れい

Ⅱ　A～Cの＿＿＿には同じ読み方の漢字が入ります。＿＿＿に漢字を、
　　　　　　　　おな　よ　かた　かんじ　はい　　　　　　かんじ
　　（　　）に読み方を書いてください。
　　　　　よ　かた　か

①（　　　　　　）

A 北海＿＿＿へ行きたいです。

B 食＿＿＿でごはんを食べます。

C ＿＿＿物の中で、ゾウがいち

　ばん好きです。

②（　　　　　　）

A うちで宿＿＿＿をします。

B 兄＿＿＿が3人います。

C ＿＿＿所で料理を作ります。

③（　　　　　　）

A 大学で研＿＿＿しています。

B ＿＿＿行電車に乗ります。

④（　　　　　　）

A 作＿＿＿を書きます。

B 毎朝、新＿＿＿を読みます。

⑤（　　　　　　）

A 試＿＿＿を受けます。

B 学校の＿＿＿学に行きます。

C ＿＿＿築を勉強して、自分で家
　　　　ちく
　を作りたいです。

【ヒント！】

弟　見　究　台　動　題　聞

堂　文　道　建　急　験

Ⅲ _____の漢字をひらがなで、ひらがなを漢字で書いてください。

① 次の__授業__は講堂であります。

② __学生課__で部屋を紹介してもらいました。

③ __さくぶん__を書きます。

④ 大学でイタリア語を__ならいました__。

⑤ 学校を__けっせき__するときは、先生に電話をします。

⑥ このクラスの学生は__ぜんいん__女性です。

I 最初の授業の日に、クラスの先生からこの紙をもらいました。
　　さいしょ　じゅぎょう　ひ　　　　　　　　　せんせい　　　　　　かみ

B5クラスのお知らせ

＜1週間の予定＞

（月）	（火）	（水）	（木）	（金）
会話	読み	作文	ニュース聴解	日本文化

・宿題は毎日提出してください。
・予習はしなくてもいいですが、復習はよくしてください。
・授業中は、飲食禁止です。
・欠席するときは、授業が始まるまでに電話をしてください。

---

① 自分の意見などを書く授業は、何曜日ですか。　＿＿＿＿＿＿＿＿＿
　　じぶん　いけん　　　　か　じゅぎょう　　なんようび

② 学校を休むときは、どうしたらいいですか。　＿＿＿＿＿＿＿＿＿
　　がっこう　やす

③ このお知らせと合っているものはどれですか。
　　　　　　し　　あ

　　A 宿題がいつもある。
　　　　しゅくだい

　　B 教室で勉強しながら、ジュースを飲んでもいい。
　　　　きょうしつ　べんきょう　　　　　　　　　　の

　　C 学校で習う前に、うちで勉強しなければならない。
　　　　がっこう　なら　まえ　　　　　　べんきょう

II 大学の見学に来ました。大学の案内図を見ています。…　◎36 ～ ◎39
　　だいがく　けんがく　き　　　　　だいがく　あんないず　み

【👁】 どこに何がありますか。見てください。
　　　　　なに　　　　　　　　み

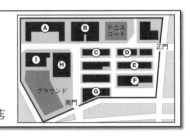

【学内案内図】
A 学生寮
B 1号館（工学部、実験室、実習室）
C 3号館（外国語学部、文学部）
D 5号館（学生課・教務課・事務局）
E 6号館（共同研究室・留学生センター）
F 図書館　　G 講堂　　H 体育館　　I 学生食堂・売店

【👂】 A～Iのどこについて話していますか。話を聞いて、選んでください。
　　　　　　　　　　　　　　　　はな　　　　　　　はなし　き　　えら

　　　①（　　　　）　②（　　　　）　③（　　　　）　④（　　　　）

Ⅲ　大学のロビーでいろいろなお知らせを見ています。
　　　だいがく　　　　　　　　　　　　　　　　　し　　　　　み

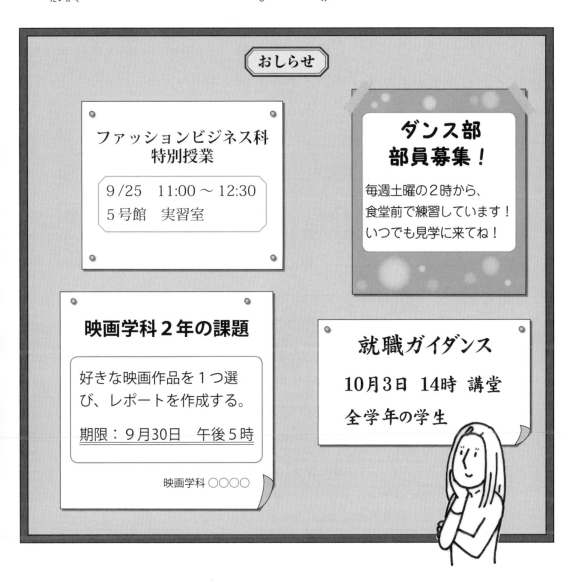

おしらせ

ファッションビジネス科
特別授業

9/25　11:00～12:30
5号館　実習室

ダンス部
部員募集！

毎週土曜の2時から、
食堂前で練習しています！
いつでも見学に来てね！

映画学科2年の課題

好きな映画作品を1つ選
び、レポートを作成する。

期限：9月30日　午後5時

映画学科 ○○○○

就職ガイダンス

10月3日　14時　講堂

全学年の学生

①次のとき、どこへ行ったらいいですか。
　つぎ　　　　　　　　　い

　（ア）ファッションビジネス学科の授業に出ます。　＿＿＿＿＿＿＿＿
　　　　　　　　　　　　　がっか　じゅぎょう　で

　（イ）何か運動を始めたいです。　＿＿＿＿＿＿＿＿
　　　　なに　うんどう　はじ

②映画学科の学生は、何をしなければなりませんか。
　えいががっか　がくせい　なに

＿＿＿＿＿＿＿＿＿＿＿＿＿＿＿＿＿＿＿＿＿＿＿＿＿＿＿＿＿＿＿＿

③就職ガイダンスに参加できるのは何年生ですか。
　しゅうしょく　　　　　　　さんか　　　　　　なんねんせい

＿＿＿＿＿＿＿＿＿＿＿＿＿

Ⅳ　授業のシラバス*をもらいました。先輩からアドバイスをもらって、授
　　業を選びます。………………………………………………………………… ◎ 41

*シラバス…Syllabus ／教学大纲／강의 계획서

【👁】どんな授業がありますか。下のシラバスを見てください。

A

授業コード	2149874	学年	3、4年	曜日・時限	金曜・1限
教員名	森美菜	授業科目名	教育実習（日本語）		
講義内容	日本語の教員を目指し、教育実習を行う。5名以下の場合は開講しない。授業に欠席するときは、必ず事前に電話かメールで連絡すること。				

B

授業コード	218225	学年	2、3年	曜日・時限	金曜・1限
教員名	大場和実	授業科目名	日本文学Ⅱ		
講義内容	日本文学の代表的な作品を読んで、日本文化を学ぶ。日本文化をもっと知りたい学生が出席するとよい。授業後に、毎回課題を出す。試験は行わない。出席と課題で成績をつける。				

C

授業コード	219411	学年	2〜4年	曜日・時限	金曜・1限
教員名	牛山広人	授業科目名	日本経済研究		
講義内容	卒業研究ガイダンスに出席し、9月までに各自研究課題を決める。研究内容は論文にまとめ、提出する。				

【👂】①どの授業にしますか。　　（　　　　）

②①で選んだ授業はどんなことをしますか。

_____

③Bの授業のあとで何をしますか。

_____

④Bの授業はテストがありますか。　　［　ある　・　ない　］

第14課
だい　　　　　　か

日本を知る
に ほん　　　し

●下の①～⑨の都道府県を読んでみましょう。
　した　　　　　　　と どう ふ けん　　よ

①東京都　　②北海道　　③青森県　　④秋田県　　⑤長野県

⑥京都府　　⑦山口県　　⑧高知県　　⑨和歌山県

●A～Fは何地方ですか。
　　　　　なに ち ほう

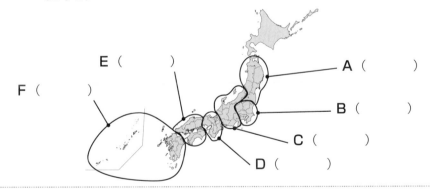

E（　　　　）

F（　　　　）

A（　　　　）

B（　　　　）

C（　　　　）

D（　　　　）

（ア）東北地方　　（イ）関東地方　　（ウ）近畿地方
　　　　　　　　　　　　　　かん　　　　　　　　　　　　き

（エ）中部地方　　（オ）中国・四国地方　　（カ）九州・沖縄地方
　　　　　　　　　　　　　　　　　　　　　　　　　　　　しゅう　おきなわ

前のページの答え：

①とうきょうと　②ほっかいどう　③あおもりけん　④あきたけん
⑤ながのけん　⑥きょうとふ　⑦やまぐちけん　⑧こうちけん
⑨わかやまけん

A（ア）　B（イ）　C（エ）　D（ウ）　E（オ）　F（カ）

142	都	読み方	ツ　ト　みやこ
		ことば	都合　東京都
		例文	京都は歴史が古いところです。／明日の都合を教えてください。
		書き順	一　十　土　少　耂　者　者　者　都　都
	都		
		memo	

143	県	読み方	ケン
		ことば	〜県
		例文	きりたんぽ鍋は秋田県の有名な料理です。
		書き順	丨　冂　月　日　目　県　県　県　県
	県		
		memo	

ポイント
①どっちがいい？
A 北　　B 北

144	北	読み方	ホク　きた
		ことば	北　東北地方　北海道
		例文	北海道は日本の北にあります。
		書き順	一　十　土　北　北
	北		
		memo	

145	西	読み方	サイ　セイ　にし
		ことば	西　関西　西洋　東西南北
		例文	駅の西口で待ち合わせします。
		書き順	一　冂　冂　两　西　西
	西		
		memo	

ポイント
②どれがいい？
【正月】
A せいがつ
B しょうがつ
C しょうげつ

146	正	読み方	ショウ　セイ　ただ-しい　ただ-す　まさ
		ことば	正しい　正月
		例文	正しい答えに○をつけます。／お正月に国へ帰ります。
		書き順	一　丁　下　正　正
	正		
		memo	

□□しい

147	花	読み方 よ かた	カ　はな
		ことば	花　花見　花瓶　花粉症 はな　はなみ　かびん　かふんしょう
		例文 れいぶん	毎年、お花見をします。 まいとし　　はなみ
		書き順 か じゅん	一　十　十　艹　艹　艿　花　花
	花		
		memo	

148	祭	読み方 よ かた	まつ-り　サイ　まつ-る
		ことば	祭り　文化祭 まつ　ぶんかさい
		例文 れいぶん	浴衣を着てお祭りに行きました。 ゆかた　き　まつ　い
		書き順 か じゅん	ノ　ク　タ　タ　グ　タ　グ　タ　祭　祭　祭
	祭		
		memo	

149	青	読み方 よ かた	あお　あお-い　セイ　ショウ
		ことば	青　青い　青春　＜真っ青＞ あお　あお　せいしゅん　まさお
		例文 れいぶん	青空に大きい飛行船が飛んでいました。 あおぞら　おお　ひこうせん　と
		書き順 か じゅん	一　十　キ　主　丰　青　青　青
	青		
		memo	

150	黒	読み方 よ かた	くろ　くろ-い　コク
		ことば	黒　黒い くろ　くろ
		例文 れいぶん	面接には黒か茶色の靴を準備しましょう。 めんせつ　くろ　ちゃいろ　くつ　じゅんび
		書き順 か じゅん	一　ロ　日　旦　甲　甲　里　黒　黒　黒　黒
	黒		
		memo	

151	白	読み方 よ かた	しろ　しろ-い　ハク　ビャク　しら
		ことば	白　白い　白紙 しろ　しろ　はくし
		例文 れいぶん	この地方は、冬は白一色になります。 ちほう　ふゆ　しろいっしょく
		書き順 か じゅん	ノ　イ　白　白　白
	白		
		memo	

ポイント

③どっちがいい？

A 花　　B 花

④違うものは？
ちが

A 花　　B 茶
C 首　　D 菜

ポイント

⑤どっちがいい？
【黒い】
A くらい
B くろい

ポイント

⑥どっちがいい？

A 白　　B 白

⑦違うものは？
ちが

A 白　　B 泊
C 道　　D 習

	読み方	セキ　あか　あか-い　シャク　あか-らむ　あか-らめる
赤	ことば	赤　赤い　赤飯　＜真っ赤＞
	例文	赤いシャツを着ているのが山田さんです。
	書き順	一　十　土　赤　赤　赤　赤
赤		
	memo	

読める

関西
かん　さい

＊Kansai/关西/간사이

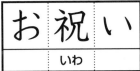

お祝い
いわ

＊Celebration/庆祝/축하

結婚式
けっ　こん　しき

＊Wedding ceremony/婚礼/결혼식

Ⅰ　□に漢字を1つ書いて、（　　）にひらがなを書いてください。
　　　　　かんじ　　　　か　　　　　　　　　　　　　　　　　　　　　か

①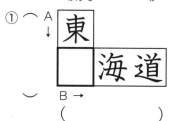

②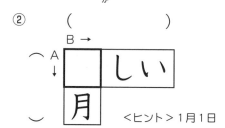

<ヒント> 1月1日

Ⅱ　⬚⬚の漢字を4つのグループに分けてください。
　　　　　かんじ　　　　　　　　　　わ

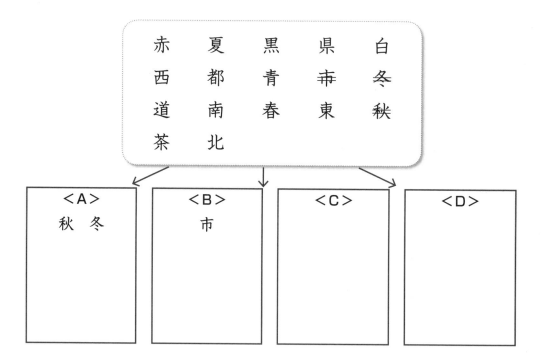

Ⅲ ＿＿＿＿に ◯ の漢字を、（　　）に読み方を書いてください。
　　　　　かんじ　　　　　　　　　　よ　かた　か

① 駅の階段で転んでしまいました。恥ずかしくて顔が＿＿＿くなりました。
　　　かいだん　　　　　　　　は
　　　　　　　　　　　　　　　　　　　　　（　　　　　）

② 面接で緊張しすぎて、頭の中が＿＿＿くなってしまいました。
　　めんせつ　きんちょう
　　　　　　　　　　　　　　（　　　　　）

③ 1日中、海で泳いだので、顔も体も＿＿＿くなりました。
　　　　　　　　　　　　　　　　（　　　　　）

④ 彼女は父親が事故で入院したと聞いて、顔が＿＿＿くなりました。
　　かの
　　　　　　　　　　　　　　　　（　　　　　）

　　　　　　　　　赤　　黒　　白　　青

Ⅳ ＿＿＿＿の漢字をひらがなで、ひらがなを漢字で書いてください。
　　　　かんじ　　　　　　　　　　　　　　　かんじ　か

① 毎年多くの人がこの公園に＿おはなみ＿に来ます。

② 友達と＿＿秋祭り＿＿に行きました。
　　　だち

③ ◯ の中から＿＿ただしい＿＿漢字を1つ選んで書いてください。
　　　　　　　　　　　　　　　　　　えら

④ 誕生日の＿＿お祝い＿＿に時計をもらいました。
　　たん

Ⅰ あなたは『日本を知ろう』という本の「日本の1年」というページを
　　　 に ほん し　　　　　　　　　　　ほん　 に ほん　 ねん
　　見ています。
　　　み

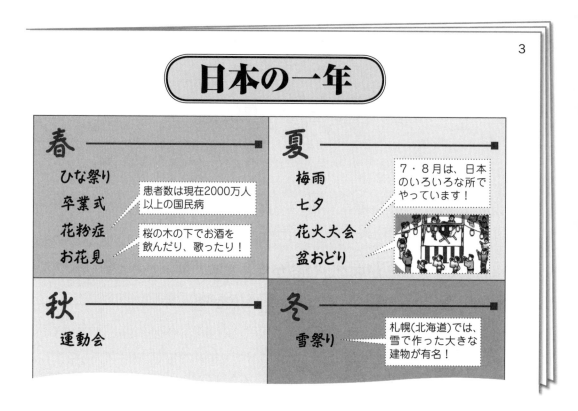

日本の一年

3

春
- ひな祭り
- 卒業式
- 花粉症 → 患者数は現在2000万人以上の国民病
- お花見 → 桜の木の下でお酒を飲んだり、歌ったり！

夏
- 梅雨
- 七夕
- 花火大会
- 盆おどり → 7・8月は、日本のいろいろな所でやっています！

秋
- 運動会

冬
- 雪祭り → 札幌(北海道)では、雪で作った大きな建物が有名！

下の①～③はどの季節のどんなイベントですか。
した　　　　　　　 きせつ

①

季節：(　　　　)
きせつ
_____

②

季節：(　　　　)
きせつ
_____

③

季節：(　　　　)
きせつ
_____

Ⅱ　あなたは『日本を知ろう』という本の5ページを見ています。

日本の祭り

5

A　ねぶた祭（8月）

青森県青森市
冬はとても寒い地方だが、祭りは「らっせらー」という声を出し、熱く盛り上がる。

B　三社祭（5月）

東京都台東区
都心で行われる大きな祭り。浅草神社の祭礼。

C　ぎおん祭（7月）

京都府京都市
歴史も古く、市の中心地で1か月にわたって行われる祭り。

①このページ（5ページ）は何について書いてありますか。

_____

②上のA～Cは下の地図のア～オのどこで行われますか。

　　A（　　　）　　　　　B（　　　）　　　　C（　　　）

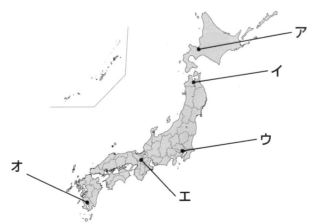

Ⅲ　あなたは『日本を知ろう』という本の「日本の冠婚葬祭」のページを見ています。

日本の冠婚葬祭

１．結婚式に行くとき…

服装…　【女性】花嫁さんの色の白やアイボリー、そして喪服を連想させる黒は、トータルで使わないように注意。

　　　　【男性】上下黒のスーツで、ワイシャツは白、結婚式用ネクタイの色はシルバーまたは白を。くつ、くつ下は共に黒がいい。

２．お祝い

　結婚式などのお祝いのときには、古くからお赤飯が贈られてきました。しかし、現在では…………………………………………

①日本の結婚式に行くとき、A～Fのどの人の服がいいですか。

②昔からどんなものがお祝いのときにプレゼントされていますか。

Ⅳ　あなたは『日本を知ろう』という本の「年中行事」というページを見て
います。

日本の年中行事

Ａ　**大みそか**
　　なまはげ（東北地方：秋田県男鹿など）
　　秋田の冬の伝統行事。12月31日の夜に青や赤の鬼になった男の人たちが、「泣ぐ
　　子はいねがぁ！　怠げものはいねがぁ！」と声を出しながら、いろいろな家に
　　行きます。

Ｂ　**おせちとお雑煮**
　　おせちは、1年の初めに食べる特別な料理。数の子、黒豆などがお
　　せち料理には入っています。お雑煮は、関東と関西では少し違いが
　　あります。関西ではみそ味で、丸いお餅が使われることが多いです。

---

①Ａ・Ｂに関係があるものを（ア）～（エ）から選んで（　　）に書いてく
　ださい。（関係がないものもあります）

　　Ａ（　　　　　　　）　　Ｂ（　　　　　　　）

（ア）　　　　　　　（イ）　　　　　　　（ウ）　　　　　　　（エ）

②Ｂはいつのものですか。　＿＿＿＿＿＿＿＿＿＿＿＿＿＿＿＿

③Ａ・Ｂは右の地図のどの地方のことですか。

　　例）　中部地方　　　　　　　（　ウ　）

　　Ａ：　東北地方　　　　　　　（　　　）

　　Ｂ：　近畿地方（関西）　　　（　　　）

第15課
だい か
ニュースをチェック

● 漢字が飛んで行ってしまいました。
かんじ と い

　どの記事のものですか。
きじ

NEWS Head line

大卒就職率過去最低に　＞

国内新車販売３％減　＞

週末にかけて夜寒く　＞

女性８人気分悪いと訴え　＞

いじめ問題についてみんなで
考えませんか▶

男性から「料理下手」と思わ
れない簡単レシピ▶

153	漢	読み方	カン						
		ことば	漢字						
		例文	毎日、漢字を勉強します。						
		書き順	丶 冫 冫 氵 汁 汁 汁 汁 汁 溝 溝 漢 漢						
		漢							
		memo							

ポイント
①どっちがいい？
A 漢　　B 漢

154	字	読み方	ジ　あざ						
		ことば	字　漢字　ローマ字　＜文字＞						
		例文	日本語には、3種類の文字があります。／母は字がきれいです。						
		書き順	丶 丷 宀 字 字 字						
		字							
		memo							

ポイント
②違うものは？
A 時　　B 試
C 字　　D 自

155	暑	読み方	あつ-い　ショ						
		ことば	暑い　残暑						
		例文	暑い日が続いています。						
		書き順	丶 口 口 日 日 早 旦 昇 昇 暑 暑 暑						
		暑							
		memo							

い

156	寒	読み方	さむ-い　カン						
		ことば	寒い						
		例文	最近、どんどん寒くなってきました。						
		書き順	丶 丷 宀 宀 宀 宀 宙 宙 実 実 寒 寒						
		寒							
		memo							

ポイント
③どっちがいい？
A 寒　　B 寒

い

157	去	読み方	キョ　コ　さ-る						
		ことば	去年　過去						
		例文	去年、日本へ来ました。／A社は今年度、過去最悪の赤字になりました。						
		書き順	一 十 土 去 去						
		去							
		memo							

ポイント
④どっちがいい？
【去年】
A きょねん
B きょうねん

去年

158	質	読み方	シツ　シチ　チ
		ことば	質問 しつもん
		例文	質問がある人は手を挙げてください。 しつもん　　　ひと　て　あ
		書き順	⌐ ⌐ ⌐ ⌐ ⌐ ⌐ ⌐ 竹 竹 竹 質 質 質 質
	質		
		memo	

ポイント

⑤どっちがいい？

A 答　　B 答

質問

える

159	答	読み方	こた-える　トウ
		ことば	答える　答え こた　　　こた
		例文	彼女は私の質問に答えませんでした。 かのじょ　わたし　しつもん　こた
		書き順	ノ ⺮ ⺮ ⺮ 竹 竹 竺 竺 答 答 答 答
	答		
		memo	

ポイント

⑥違うものは？
ちが

A 動　　B 道
C 同　　D 東

じ

160	同	読み方	ドウ　おな-じ
		ことば	同じ　同時 おな　　どうじ
		例文	私と母は誕生日が同じです。／彼はチャイムと同時に出て行きました。 わたし　はは　たんじょうび　おな　　　　　かれ　　　　　　どうじ　で　い
		書き順	l 冂 冂 同 同 同
	同		
		memo	

ポイント

⑦どっちがいい？

A 思　　B 黒

う

161	思	読み方	おも-う　シ
		ことば	思う　思い出す おも　　おも　だ
		例文	東京の物価は高いと思います。／この曲を聞くと昔を思い出します。 とうきょう　ぶっか　たか　おも　　　　　きょく　き　むかし　おも　だ
		書き順	l 冂 ⊓ 田 田 甲 思 思 思
	思		
		memo	

162	考	読み方	かんが-える　コウ
		ことば	考える かんが
		例文	最近、将来についてよく考えます。 さいきん　しょうらい　　　　　かんが
		書き順	一 十 土 耂 耂 考
	考		
		memo	

える

163	銀	読み方 _{よ かた}	ギン
		ことば	銀行　銀 _{ぎんこう　ぎん}
		例文 _{れいぶん}	銀行でお金を下ろします。 _{ぎんこう　かね　お}
		書き順 _{か じゅん}	ノ ノ ヒ ヒ 牟 牟 牟 金 釘 釘 釘 釘 鋃 銀 銀

ポイント

⑧どっちがいい？

A 銀　　B 銀

		銀							
			memo						

164	悪	読み方 _{よ かた}	わる-い　アク
		ことば	悪い　最悪 _{わる　さいあく}
		例文 _{れいぶん}	今週はずっと天気が悪いです。 _{こんしゅう　てん き　わる}
		書き順 _{か じゅん}	一 ㄱ ㄱ ㄷ 戸 亜 亜 亜 悪 悪 悪
		悪								
			memo							

	い

読める
_よ

*Investigate/調査/조사하다

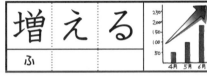
*Increase/増加/늘어나다

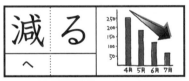
*Decrease/減少/줄어들다

*Past/过去/과거

見て、わかる
_み

*Kill/杀/죽이다

*Steal/盗窃/훔치다

*Arrest/逮捕/체포

Ⅰ　□に漢字を１つ書いて、（　　　）にひらがなを書いてください。
　　　　　かんじ　　か

① （　　　　　）
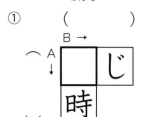

②
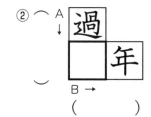

Ⅱ　A、Bに同じパーツを書いて、漢字を作ってください。
　　　　　　おな　　　か　　　かんじ　つく

①
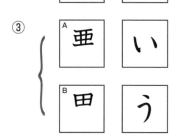

②
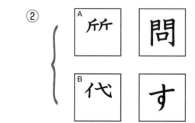

③
漢字パーツ

Ⅲ　反対の言葉を書いてください。
　　はんたい　ことば　か

① 寒い　⇔ ＿＿＿＿＿＿

② いい　⇔ ＿＿＿＿＿＿

③ 違う　⇔ ＿＿＿＿＿＿
　　ちが

④ 質問　⇔ ＿＿＿＿＿＿

Ⅳ ＿＿＿の漢字をひらがなで、ひらがなを漢字で書いてください。
　　　（かんじ）　　　　　　　　　　　　　　　　　（かんじ）（か）

① いくら＿かんがえても＿、わかりません。

② ＿質問＿に＿答えて＿ください。

③ ＿ぎんこう＿でお金を下ろします。

④ 毎日、＿かんじ＿を勉強します。

⑤ これから子どもの数はどんどん＿減って＿いくと＿おもいます＿。
　　　　　　　　　　（かず）

⑥ ＿過去＿のデータを＿調べます＿。

Ⅴ 最近、あなたの国でどんなニュースがありましたか。書いてください。
　（さいきん）　　　　　（くに）　　　　　　　　　　　　　　　　（か）

I　インターネットでニュースサイトを見ています。 ……… ◎ 43 〜 ◎ 47
み

【👁】最新ニュースを見てください。
　　 さいしん　　　　　み

MAIASA ONLINE

| トップ | ニュース | スポーツ | エンタメ | ライフ | ショッピング |

社会｜経済｜政治｜海外｜文化｜科学｜地域｜社説｜コラム｜特集｜天気｜交通｜写真｜動画

最新ニュース

A　→　週末まで猛暑日続く

B　→　多摩川上流で集中豪雨　増水により2人死亡

C　→　ピカソなど名画7点盗難

D　→　今年度交通事故死者数　過去最悪の多さ

E　→　世界料理オリンピックで銀メダル

F　→　コンビニ強盗　男2人を逮捕

G　→　パソコン販売2年連続減少

H　→　今冬の寒さ　長く厳しく

＜PR＞
▶ マンション買うなら、○×不動産へ！
▶ どこよりも高くバイク買います
▶ 香水50％ OFFなど衝撃価格
▶ こんなシャンプー初めて！

【👂】①2人はどのニュースをクリックしますか。
　　　 ふたり

　　　(ア)（　　　　）　　(イ)（　　　　）　　(ウ)（　　　　）

　　　(エ)（　　　　）　　(オ)（　　　　）

　　　②次のものはどんなニュースですか。
　　　　つぎ

　　　　B：＿＿＿＿＿＿＿＿＿＿＿＿＿＿＿＿＿＿＿＿＿＿＿＿＿

　　　　D：＿＿＿＿＿＿＿＿＿＿＿＿＿＿＿＿＿＿＿＿＿＿＿＿＿

　　　　H：＿＿＿＿＿＿＿＿＿＿＿＿＿＿＿＿＿＿＿＿＿＿＿＿＿

II　新聞を読んでいます。

行方不明女性 遺体で発見

15日午後2時ごろ、千葉県山中町の森林公園で、若い女性がナイフで刺され、死んでいるのが発見された。

女性は田中洋子さん（29歳）で、大学内の食堂で働いていたが、去年の12月から行方不明になっていた。先月女子大生が殺害された事件と発見現場が近く、若い女性、行方不明など共通点が多いことから、警察は同一人物による犯行と考え、調べを進めている。

① どんな事件ですか。

A 　　B 　　C 　　D

② 警察の人は犯人についてどう考えていますか。

_____

III　記事を読んでいます。

　　現在、自分の自由になる時間をどのように過ごしているかという質問に対し、最も多かったのは、「ラジオを聞いたり，テレビを見たりする」という答えで、58.3％だった。以下、「趣味を楽しむ」（44.5％），「のんびり休養する」（40.4％），「新聞・雑誌などを読んだりする」（37.2％），「家族との団らんを楽しむ」（36.2％）などの順となっている。（複数回答，上位5項目）

<参考：「国民生活に関する世論調査」内閣府　平成22年6月>

① 何について調べましたか。

_____

② 自由時間をどのように過ごす人が多いですか。多い順に1〜5を書いてください。

A（　2　）　B（　　）　C（　　）　D（　　）　E（　　）

Ⅳ　記事を読んでいます。

８割以上が漢字力の低下を実感

　漢字学習用ゲームソフトを開発しているロケットカンパニーは、12月11日、日本人の漢字の読み書き能力（以下、漢字力）に関するアンケート調査の結果を発表した。調査はインターネット上で行われ、回答したのは、10 〜 15歳の子ども400名（以下、子ども）と35歳〜 40歳の大人400名（以下、大人）。

　調査によると、大人の85％が「自分の漢字力が低下したと感じている」という。また、どんなときに漢字力が低下したことを感じるか、という質問に対しては、「手紙など、手書きで文字を書くとき」という答えが94.7％と最も多かった。次に多かったのは、「子どもなど人に聞かれたとき」で20％だった。

　なぜ漢字力が低下したと思うか、という大人への質問には、87.4％の人が「PCをよく使うから」と答え、「年齢をおうことによる記憶力の低下」の41.8％を大きく上回った。また、「携帯メールをよく使うから」と答えた人は43.8％だった。

（参考：『12月12日漢字の日・日本人の漢字力調査』（漢検DS調べ）2006年11月）

---

①誰にアンケートをしましたか。

_____

②このアンケートでどんなことがわかりましたか。

　　　　　　　　　　　　　　　　　　　　と思っている大人が多いです。

③アンケートに答えた人たちは、なぜ②のようになったと考えていますか。
　いちばん多い理由は何ですか。

_____

楽しく覚えよう４
たの　　　　おぼ

―同じ読み方、違う意味の漢字―
おな　よ　かた　ちが　いみ　かんじ

●シャツを着る？　切る？
き　　　　き

　日本語には、読み方が同じで、意味が違う漢字
にほんご　　　　よ　かた　おな　　　　　いみ　ちが　かんじ
がたくさんあります。パソコンで文字を入力する
もじ　にゅうりょく
ときは、ひらがなを入力して、漢字に変換します。
にゅうりょく　　　　かんじ　へんかん

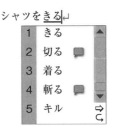

シャツをきる↵

1	きる	
2	切る	💬
3	着る	
4	斬る	💬
5	キル	

Q　正しい漢字を選びましょう。
ただ　かんじ　えら

①ニュースで、今日は雨が降るといっていました。
ふ

A 行って
B 言って

②佐藤さんはいつも７時ごろ家にかえるそうです。
さとう

A 帰る
B 買える

③はじめて日本へ来たのは、３年前です。

A 始めて
B 初めて

④今日、学校は台風のため、きゅうこうです。

A 休校
B 急行

⑤コンサートかいじょうがかいじょうするのは、５時半です。

A 会場
B 開場
C 海上

A 会場
B 開場
C 海上

読み方に気をつけよう１
よ　かた　き

●「゛」がある？　ない？

　　Q1　違うのはどれ？
　　　　ちが

　　　　　①Ａ 禁止　　　　Ｂ 火事　　　　Ｃ 試合

　　　　　②Ａ 自転車　　　Ｂ 電車　　　　Ｃ 店員

　　　　　③Ａ １時間　　　Ｂ 映画館　　　Ｃ 入学願書

●長い音？　短い音？
　なが　おと　みじか　おと

　　Q2　違うのはどれ？
　　　　ちが

　　　　　①Ａ 学校　　　　Ｂ 公園　　　　Ｃ 事故

　　　　　②Ａ 図書館　　　Ｂ 小学校　　　Ｃ 住所

　　　　　③Ａ 運転手　　　Ｂ 集合　　　　Ｃ 趣味

●「ゅ」？　「ょ」？

　　Q3　違うのはどれ？
　　　　ちが

　　　　　①Ａ 特急　　　　Ｂ 教室　　　　Ｃ 定休日

　　　　　②Ａ 社長　　　　Ｂ 仕事中　　　Ｃ 朝食

　　　　　③Ａ 留学生　　　Ｂ 料金　　　　Ｃ 両親

読み方に気をつけよう２

●音の変化　その１

　２つの言葉を１つにしたとき、後ろの言葉の初めの音が「゛」になるものがあります。

時計（とけい）：めざまし ＋ 時計 ⇒ めざまし時計（めざまし<u>ど</u>けい）

袋（ふくろ）　 ：ごみ ＋ 袋 ⇒ ごみ袋（ごみ<u>ぶ</u>くろ）

高い（たか-い）：円 ＋ 高 ⇒ 円高（えん<u>だ</u>か）

●音の変化　その２

　２つの言葉（漢字）を１つにしたとき、前の言葉（漢字）の後ろの音が「っ」になるものがあります。

学（が<u>く</u>）　：学 ＋ 校 ⇒ 学校（が<u>っ</u>こう）

出（しゅ<u>つ</u>）：出 ＋ 発 ⇒ 出発（しゅ<u>っ</u>ぱつ）

一（い<u>ち</u>）　：一 ＋ 本 ⇒ 一本（い<u>っ</u>ぽん）

☆前の言葉（漢字）の後ろの音が「く」「つ」「ち」で、後ろの言葉（漢字）の初めの音が、か行（k）、さ行（s）、た行（t）、は行（h）のときは注意しましょう。

　（後ろの「は行（h）」の音は「ぱ行（p）」に変わります。→「音の変化その３」）

●音の変化　その3

２つの言葉（漢字）を１つにしたとき、後ろの言葉（漢字）の初めの音が「゜」になるものがあります。

> 品（ひん）：返 ＋ 品 ⇒ 返品（へん**ぴん**）
> 発（はつ）：出 ＋ 発 ⇒ 出発（しゅっ**ぱつ**）

☆前の音が「ん」や「つ」のときは注意しましょう。

Q　読んでみましょう。

①品＋切れ　⇒　品切れ（　　　　　　　　）

②腕＋時計　⇒　腕時計（　　　　　　　　）

③本＋棚　　⇒　本棚（　　　　　　　）

④薬＋局　　⇒　薬局（　　　　　　　）

⑤発＋見　　⇒　発見（　　　　　　　）

⑥物＋価　　⇒　物価（　　　　　　　）

⑦特＋急　　⇒　特急（　　　　　　　）

⑧発＋車　　⇒　発車（　　　　　　　）

⑨出＋席　　⇒　出席（　　　　　　　）

⑩食＋器　　⇒　食器（　　　　　　　）

⑪前＋方　　⇒　前方（　　　　　　　）

⑫発＋表　　⇒　発表（　　　　　　　）

⑬新＋品　　⇒　新品（　　　　　　　）

もう少し
すこ
やってみよう

I ＿＿＿＿の漢字をひらがなで、ひらがなを漢字で書いてください。
　　　　　　　　かんじ　　　　　　　　　　　　　　　　　　　かんじ　か

① 私が　すんでいる　　所　は中野です。

② どうぞ、よろしく　おねがいします　。

③ 学校の電話番号を　しって　いますか。

④　区役所　の前に６時に　集まって　ください。

⑤ 今日の　夕方　、高校のときの　友達　に会えるので楽しみです。
　　　　　　　　　　　　　　　　　　　　だち

⑥ パーティーの　開始　時間は７時です。

⑦ このドアは　ひいて　　開けて　ください。

⑧ 人の　やくにたつ　仕事をしたいです。

⑨ ナイフで指を　きって　しまいました。
　　　　　ゆび

⑩ この漢字の　読み方　は何ですか。

⑪ このバッグは母からもらった　たいせつ　な物です。

⑫窓を＿閉めて＿ください。
まど

⑬＿あした＿はテニスの＿試合＿があります。

⑭本の18ページを＿ひらいて＿ください。

⑮外が＿あかるく＿なりました。もう朝です。

⑯病気の研究が＿進んで＿います。

⑰日本へ来るとき、家族と＿別れる＿のがさびしかったです。

⑱体の調子が悪かったら、＿無理＿をしないで休んでください。
ちょうし

Ⅱ ＿＿＿＿の漢字をひらがなで書いてください。
かんじ か
①昨日、＿友人＿と食事をしました。
きのう

②＿教室＿で授業を受けます。
う

③私の＿部屋＿は102号室です。
ごう

④自転車で＿転んで＿しまいました。

⑤成人式というのは20歳になったことを祝う＿行事＿です。
せいじんしき はたち いわ

⑥勉強の　方法　を先生に　質問　しました。
　　　　　ほう　　　　　　　　しつ

第1課　事：行事　　教：教室　　転：転ぶ　　方：方法
だい　か　　　　ぎょうじ　　　　きょうしつ　　　　ころ　　　　　ほうほう
第3課　部：＜部屋＞
だい　か　　　　　へ　や
第4課　問：質問　　友：友人
だい　か　　　　しつもん　　　　ゆうじん

Ⅰ ＿＿＿＿の漢字をひらがなで、ひらがなを漢字で書いてください。

① 今年は去年より雨が＿すくない＿です。

② ＿きゅうに＿熱が出たので、アルバイトを他の人に＿かわって＿もらいました。

③ 地震のときは、すぐ火を＿消して＿ください。

④ 月は地球の周りを＿回って＿います。

⑤ 祖母の家に昔の＿きもの＿が＿残って＿いました。

⑥ 電車が＿遅れた＿ので、学校に＿つく＿のが＿遅く＿なってしまいました。

⑦ ＿いみ＿がわからない言葉があったら、＿じぶん＿で調べます。

⑧ 家族がそばにいると、＿あんしん＿できます。

⑨ 学生＿時代＿の思い出を＿じゆう＿に書いてください。

Ⅱ _____の漢字をひらがなで書いてください。
かんじ　　　　　　　　　　　　　　か

① パーティーに友達を＿＿招待＿＿します。
　　　　　　　だち　　しょう

② 1週間に2回、＿＿洗濯＿＿をします。
　　　　　　　　　　　たく

③ 明日は学校の＿＿遠足＿＿ですが、天気が心配です。
　　　　　　　　　　　　　　　　　　　　　ぱい

④ 茶道では、＿＿お菓子＿＿を食べてから、お茶を飲みます。
　　　　　　　　　　か

第5課	待：招待	
だい　か	しょうたい	
第6課	子：お菓子	遠：遠足
だい　か	かし	えんそく
第7課	洗：洗濯	
だい　か	せんたく	

I ＿＿＿＿の漢字をひらがなで、ひらがなを漢字で書いてください。
　　　　　　　かんじ　　　　　　　　　　　　　かんじ　か

① この橋は100年前に＿つくられました＿。
　　　　はし

② 魚を煮ている間に水が減ったので、少し水を＿足しました＿。
　　　　に

③ メールを送りましたが、＿へんじ＿が返ってきません。

④ 毎日＿げんき＿に頑張っています。
　　　　　　　　　　　がんば

⑤ お寺の後ろに＿林＿があります。

⑥ アルバイトを希望する＿者＿ですが、店長さんはいらっしゃいますか。
　　　　　　　　きぼう

⑦ 最近、＿手紙＿を書く人は少なくなりました。
　さい

⑧ スポーツ用品＿売り場＿は何階ですか。

⑨ 妹は＿医者＿になるために、毎日たくさん勉強しています。

⑩ 裏が白い＿紙＿は、集めてメモ帳にしています。
　うら　　　　　　　　　　　　　　ちょう

⑪ この辺は緑が多くて、＿空気＿もきれいです。
　　　へん　みどり

⑫駐車場に車を止めたいですが、どこも＿＿空いて＿＿いません。

⑬私が住んでいる部屋の隣の部屋は、ずっと＿＿空室＿＿です。
　　　　　　　　　　　となり

⑭今日は一日中＿＿室内＿＿にいました。

⑮彼は＿＿ようふく＿＿が大好きで、将来はファッション関係の仕事をしたい
　　　　　　　　　　　　　　　　しょう　　　　　　　　　　かんけい

　そうです。

⑯この工場では、毎年30万台の自動車を＿＿生産＿＿しています。

⑰このドラマは、＿＿最初＿＿は見る人が少なかったですが、だんだん人気が出
　　　　　　　　さい

　てきました。

Ⅱ　＿＿＿＿＿の漢字をひらがなで書いてください。
　　　　かんじ　　　　　　　　　　　か
①夏休みに＿富士山＿に登りました。
　　　　　　ふ　じ　　　のぼ

②最近、＿＿運動不足＿＿かもしれません。
　さい

③冬、この池で＿＿白鳥＿＿を見ることができます。

④Ａ社の自動車工場は＿＿東南＿＿アジアには８つあります。

⑤ホームステイに参加する人は、明日までに＿申込用紙＿を出してください。

⑥窓の近くにあった本棚を机の方に＿動かしました＿。
　まど　　　　　　　　　だな　つくえ

⑦＿森林＿が少なくなっています。

⑧書留は、ポストではなく、＿郵便局＿で出してください。
　かきとめ　　　　　　　　　　　　ゆう

⑨大学の新館の＿建築＿が始まりました。
　　　　　　　ちく

⑩Ａ県には、合わせて34の＿市町村＿があります。

第8課 だい　か	便：郵便局 ゆうびんきょく	建：建築 けんちく		
第9課 だい　か	足：不足 ふそく	林：森林 しんりん	森：森林 しんりん	山：富士山 ふじさん
第10課 だい　か	動：動かす うご	鳥：白鳥 はくちょう		
第11課 だい　か	紙：用紙 ようし	町：市町村 しちょうそん	南：東南アジア とうなん	

もう少しやってみよう④（第12課～第15課）

Ⅰ ＿＿＿の漢字をひらがなで、ひらがなを漢字で書いてください。

① この歌を聞くと、恋人のことを＿＿おもいだします＿＿。

② ＿＿花瓶＿＿を落として、割ってしまいました。

③ 毎日、５キロ＿＿はしって＿＿います。

④ 面接のときは、大きい＿＿声＿＿で、はっきり話しましょう。

⑤ 携帯電話を家に忘れてしまったので、一日中とても＿＿不便＿＿でした。

⑥ このかばんは持つところが＿＿太くて＿＿持ちやすいですが、少し＿＿おもい＿＿

です。

⑦ 入学と＿＿同時＿＿にアルバイトを始めました。

⑧ 来年、北海道旅行を＿＿けいかく＿＿しています。

⑨ ＿＿都合＿＿が悪ければ、教えてください。

⑩ 練習したのと＿＿おなじ＿＿問題が試験に出ました。

⑪毎日、__予習__、復習をしています。
　　　　　　　ふく

⑫大学院で__西洋__の歴史について調べたいと思っています。
　　　　いん　　　　　れきし

⑬Ａ：__お正月__は何をしましたか。

　　Ｂ：__さむかった__ので、家でゆっくりしました。

⑭__きょねん__の夏、__沖縄__県へ旅行に行きました。
　　　　　　　　　　　おきなわ

　とても__あつかった__です。

⑮運転するときは__安全__に気をつけましょう。

⑯今日は朝から__北__風が強く、__西__日本では雪が降るところが多いで
　　　　　　　　　　　　　　　　　　　　　　　　　　　ふ

　しょう。

⑰この薬は__頭痛__によく効きます。
　　　　　　　　　き

Ⅱ ＿＿＿＿の漢字_{かんじ}をひらがなで書_かいてください。

①受験する大学の＿文化祭＿に行ってみます。

②テストを＿白紙＿で出しました。

③数_{すう}学の参考_{さんこう}書を＿注文＿しました。

④日本の＿首都＿は東京です。

⑤私は＿青春＿映画が好きです。

⑥工事の音がうるさくて、テレビの＿音声＿がよく聞こえませんでした。

⑦日本語には３種類_{しゅるい}の＿文字＿があります。

第12課_{だい　か}　首：首都_{しゅと}　　声：音声_{おんせい}

第13課_{だい　か}　文：注文_{ちゅうもん}／文字_{もじ}

第14課_{だい　か}　祭：文化祭_{ぶんかさい}　　青：青春_{せいしゅん}　　白：白紙_{はくし}

INDEX

音訓索引
おんくんさくいん

※「提出漢字」の読み方のうち、太字
のものを掲載しています。

［写真］ 「親子丼」：ストーンラブクリエイト撮影
［翻訳］ 株式会社アーバン・コネクションズ

*音声や資料がダウンロードできます。ぜひご利用ください。

漢字たまごサポートページ（凡人社ウェブサイト内）

https://www.bonjinsha.com/wp/kanjitamago_pre-intermediate

「できる日本語」準拠

漢字たまご　初中級　［新装版］

2013年 4月10日	初版第1刷発行
2024年 2月10日	新装版第1刷発行
2024年10月15日	新装版第2刷発行

監　　　修	嶋田和子（一般社団法人アクラス日本語教育研究所）
著　　　者	有山優樹（イーストウエスト日本語学校） 落合知春（イーストウエスト日本語学校） 立原雅子（イーストウエスト日本語学校） 林英子（イーストウエスト日本語学校） 山口知才子（イーストウエスト日本語学校）
発　　　行	株式会社　凡　人　社 〒102-0093 東京都千代田区平河町1-3-13 TEL：03-3263-3959
イ ラ ス ト	酒井弘美
装丁デザイン	コミュニケーションアーツ株式会社
レ イ ア ウ ト	Atelier O.ha
印 刷・製 本	倉敷印刷株式会社

ISBN 978-4-86746-023-8
©Kazuko SHIMADA, Yuki ARIYAMA, Chiharu OCHIAI, Masako TACHIHARA,
Eiko HAYASHI, Chisako YAMAGUCHI
2013, 2024 Printed in Japan